諸子百家

渡辺精一

角川文庫
22060

はじめに

「諸子《しょし》百家《ひゃっか》」とは、中国の春秋《しゅんじゅう》戦国時代（前七七〇―前二二一）に出現し、活躍した数多くの思想家を、ひとまとめに呼ぶときの言い方（総称《そうしょう》）である。「諸子」の「諸」は、「もろもろ」のことで、「子」は、「先生」、自分の師を呼ぶときの尊称である。「百家」とは、「百軒の家《いえ》」という意味ではなく、「家《か》」とは、「一家言《いっかげん》」という言い方によって知られるように、「独自の、確固とした考え方の持ち主」の意味である。

つまり、「諸子百家」とは、「独自の思想（あるいは主張）を持った、たくさんの先生たち」のことである。こうした「先生たち（諸子）」が、たがいに議論を戦わせ、弟子《でし》を教育・指導し、いろいろな国々の王侯に自分の思想を説いてまわり（遊説《ゆうぜい》という）、より良い社会の実現をめざして熱弁をふるった。そのさまを形容して「百家争鳴《ひゃっかそうめい》」と言ったりする。あたかも鳥がいっせいに鳴きだしたようだ、というのである。

もちろん、そうした思想家の中には、王侯のもとへ行って巧みに自分を売りこみ、金をもうけ、高い地位について、ぜいたくな暮らしをしようと企てた者もあったことだろう。しかし、二千年以上の時を超えて、今日にその著作が伝わっているような思想家たちは、そらではなかった。熱にうかされているのではないかと思われるほどに理想を語り、どこか現実との接点を見失っているような姿であったり、現実にプイと背を向けているかのような姿勢を示しながら、前にまわってみると、ものすごくやさしい表情の人であったり、現実にあくまでもこだわり、厳しくてある時には冷酷にさえ見えるのに、本当はあふれんばかりの人間愛の持ち主であったり、まさしく「諸子百家」、個性的で、そしてあくまでも誠実であり、真摯《しんし》である。おそらく読者各位、本書の中に、

「あ、この人好きだ」

「この思想家に会ってみたい」

と感じるような人物を見いだされることであろう。

ところで、哲学だの思想だのは、とっつきにくいし、むずかしい言葉がびっしりと並んでいて、さっぱりわからない。自分には縁がなさそうだ——そうお考えの方も多いかもしれない。だが、今からざっと七十年前、詩人であり翻訳家でもあった生田春月《いくたしゅんげつ》（一八九二—一九三〇）は、こんなことを言っている。

兼好《けんこう》（『徒然草《つれづれぐさ》』の著者として有名な吉田兼好のこと）は人生哲学者だ。そして、

私たちに大切でもあり、興味のあるものは、人生哲学だ。哲学とは大学で講義されるようなものと思うのは、無邪気な盲信である。概念分析をやって、むずかしい術語を用いて、細説詳論《さいせつしょうろん》されるから、おそろしく専門的なわかりにくいものとなるが、その核心を引出してくると、案外簡単なものになる。また、それだからこそ意味があるのだ。

いかがだろう。いくらか勇気がわいてはこないだろうか。生田春月は、つづいてこう言う。

哲学は人間の宇宙人生に対する解釈である。

この「解釈」については、「説明のしかた」に置きかえたほうが、もう少しわかりやすいかもしれないが、つまり、「哲学」とはこういうものだから、誰もが持てる、いや誰もが自然と持っているものなのだ、ということである。「人生って、こういうものかもしれないな」とか、「こういうふうに生きてゆける人間ってすばらしいな」という瞬間は、誰にもあるだろう。さらに、次のような言葉がつづく。

ただ（その哲学が）浅いか深いかの相違だけだ。しかし、言葉だけの深さはつまらぬ。ゴオリキイは、人生の苦難に打ちひしがれている人間は、ショオペンハウエル以上の大哲学者だと云《い》ったが、私はこの言葉が好きだ。

生田春月の言うことに従うならば、老いも若きも、人は人生のその時点、その瞬間での「哲学」を持っている。ことさらに、「これが私の哲学である」と意識していなくても、他人に語ってみせなくても、実は誰もが哲学者なのだ。ただ、その「哲学」に、深い浅いの差はあるかもしれない。個人差である。場合によっては、同じ人間の二十歳のときの「哲学」と、四十歳での「哲学」に差があることもあろう。若くてまだ経験が足りずに、物事の理解がゆきとどかぬことは、当然あるだろうから。その逆に、早熟の天才が、一生変わらぬ「哲学」を貫き通す場合もあろう。しかし、かりに変化が起こるにしても、良い方向に変わるのであれば、自分が変化することをおそれる必要はあるまい。

では、私たちの「哲学」が変化するキッカケは、何であろうか。「人生哲学」ということを強く意識するなら、やはり、人生の日々を通じて営まれる「人間としての生活」の中にあるのだろう。つまり、ほかの「人間」との日々動いてやまない関《かか》わり――人間関係――の中に無数のキッカケがある。

人間関係はあまりに広く、学校、会社、隣近所、はては通勤通学の電車内に、たまたま乗りあわせた全くの他人の行為がキッカケとなることもあろう。そして、個人の人生にある冠婚葬祭などの節目。私たちの「哲学」のキッカケは無限にあると言ってよさそうである。

ということは、私たちが自分の「哲学」を磨こうと思って日々を誠実に生きてゆくならば、キッカケは無限であるということである。しかし、こういう問題もある。「いくらキッカケばかりあっても、そのキッカケをきちんとつかまえることができなければ、しょうがないのではないか」。

たしかに、キッカケをうまくつかまえるセンスは必要であろう。では、そのセンスを磨く方法はあるのだろうか？　鍵《かぎ》は、さきほどから引用をくりかえしている、一九二九年八月に発表された「兼好哲学」と題された生田春月の文章にある。

私は実は、兼好法師に登場していただくことで、センスを磨く方法の答えを出し、あわせて、この本で取りあげる中国古典思想を把握する重大なヒントをさずけてもらおうと、もくろんでいたのである。まず、センスを磨く方法は、兼好法師の『徒然草』第十三段にある。

ひとり燈火《ともしび》の下に書物をひろげて、自分が直接会って話をすることのできない昔

の人を友とすると、このうえなく慰められるものだ。（以下略）

読書によって、センスを磨くのである。それも、兼好法師が言うような、書物の著者、書物の登場人物たちと、友だちづきあいのような親しさでむすばれた読書である。私も書物との交友の機会が多く、

「こんなにありがたい友だちはない」

と思うことがしばしばである。何か知りたいことがあったとする。百科事典や辞典、研究書などのお世話になり、答えを得る。何万回でも利用できるし、不必要なら書棚におさめたり、積んだりしておけばいい。ときどきホコリを積もらせたりすることがあっても、書物は文句を言わない。また必要があれば、いつでも役に立ってくれる。人間の友人では、こうはいくまい。利用するだけ利用して、あとは放っておく。たいてい文句を言われようし、きらわれもしよう。だが、惜しいかな。書物は人間の友人と違い、お金を貸してくれたりはしない。書物を買うためには、人間の友人からお金を借りなければならぬ場合もあるというのに。

冗談はさておき、本書は、「諸子百家《しょしひゃっか》」と呼ばれる中国古代の思想家のうち、代表的な人々の思想と人生を紹介するものである。そして、彼らと読者各位を、「友だちづきあいのような親しさ」でむすぼうとしている。

彼らのほとんどは、人生の成功者ではなく、金持ちで羽振《はぶ》りがよかったわけでもない。それでも、おのれの思索を深め、「より良い明日」を信じて懸命に、そしてあくまでも誠実に乱世を生きぬいた人々である。彼らの思想が、私たちの「哲学」に与える影響は絶大であると言ってよいだろう。彼らの思索に触れることで、センスは確実に磨かれるはずである。

しかし、物事には順序というものがある。彼らの個性的な思想に直接触れる前に、彼らがどういう時代に、どういう背景を持って登場することになるのか。彼らの思想が生まれ出るまでの大きな時代のうねりから語りはじめなければならない。そして、彼らの思想の根本がどのへんにあったのかを知るために、彼らより古い時代のものの考え方も説明しておく必要がある。

それでは、彼ら思想家の、人生の挫折《ざせつ》と栄えある思想の世界への扉を開くことにしよう。

目次

はじめに　3
諸子百家以前――天の思想　17
孔子の思想　51
老子の思想　101
荘子の思想　135
孟子の思想　175

荀子の思想 215
韓非子の思想 255
孫子の思想 301
百家小伝 337
（墨子、管子、恵施、公孫竜子、蘇秦、張儀、商鞅、申不害、李斯、楊朱、呉子）
むすびに――人間愛の思想 360

図版／小林美和子

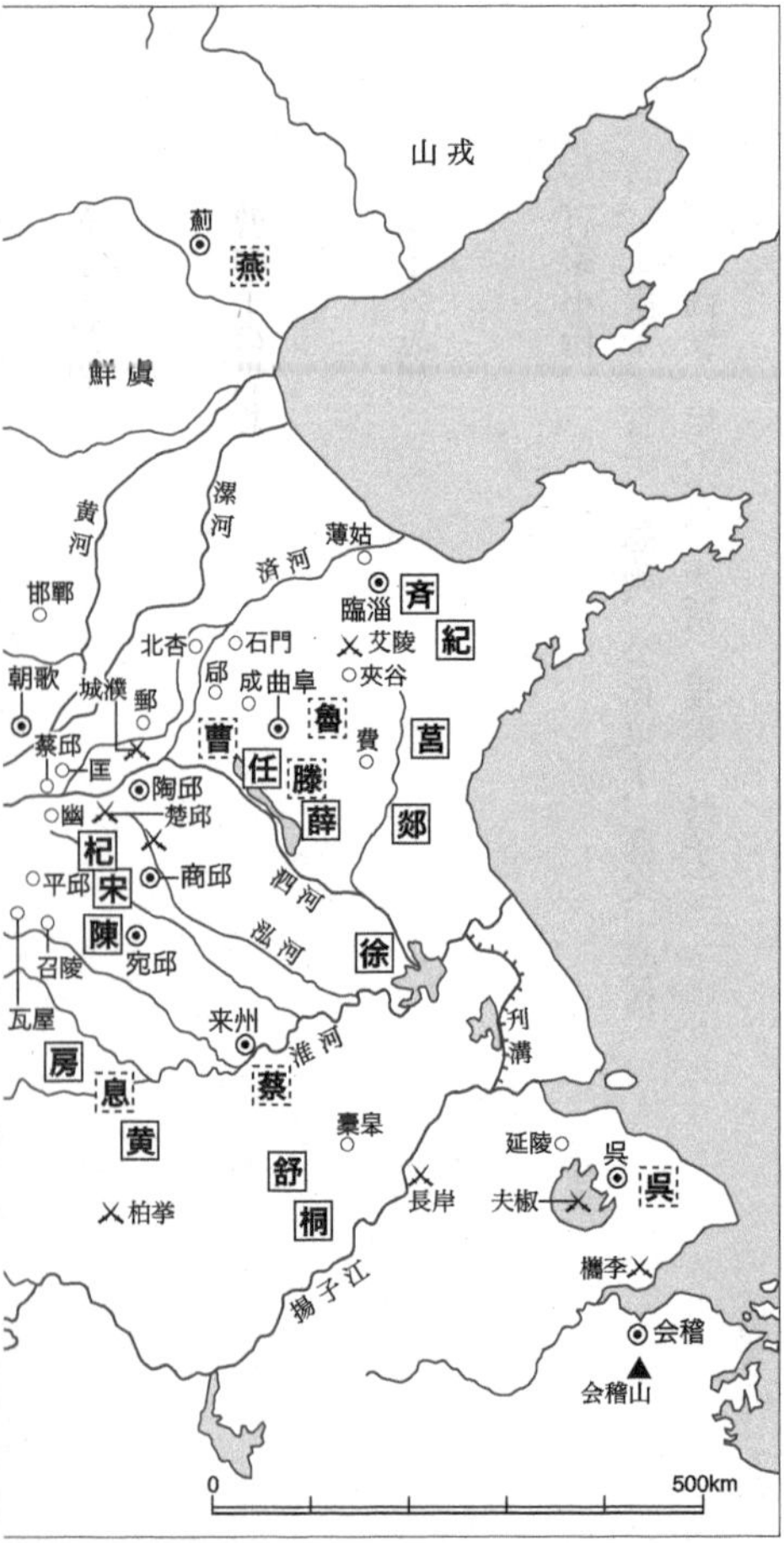

山戎
薊
燕
鮮虞
黄河
漯河
済河
薄姑
斉
臨淄
邯鄲
紀
北杏
石門
艾陵
朝歌
城濮
鄄
郚
成
曲阜
夾谷
魯
莒
曹
費
葵邱
匡
任
滕
陶邱
薛
郯
幽
楚邱
杞
宋
商邱
平邱
泗河
泓河
陳
徐
宛邱
召陵
瓦屋
邗溝
来州
淮河
房
息
蔡
黄
橐皋
延陵
呉
呉
舒
長岸
夫椒
桐
柏挙
檇李
揚子江
会稽
会稽山
0
500km

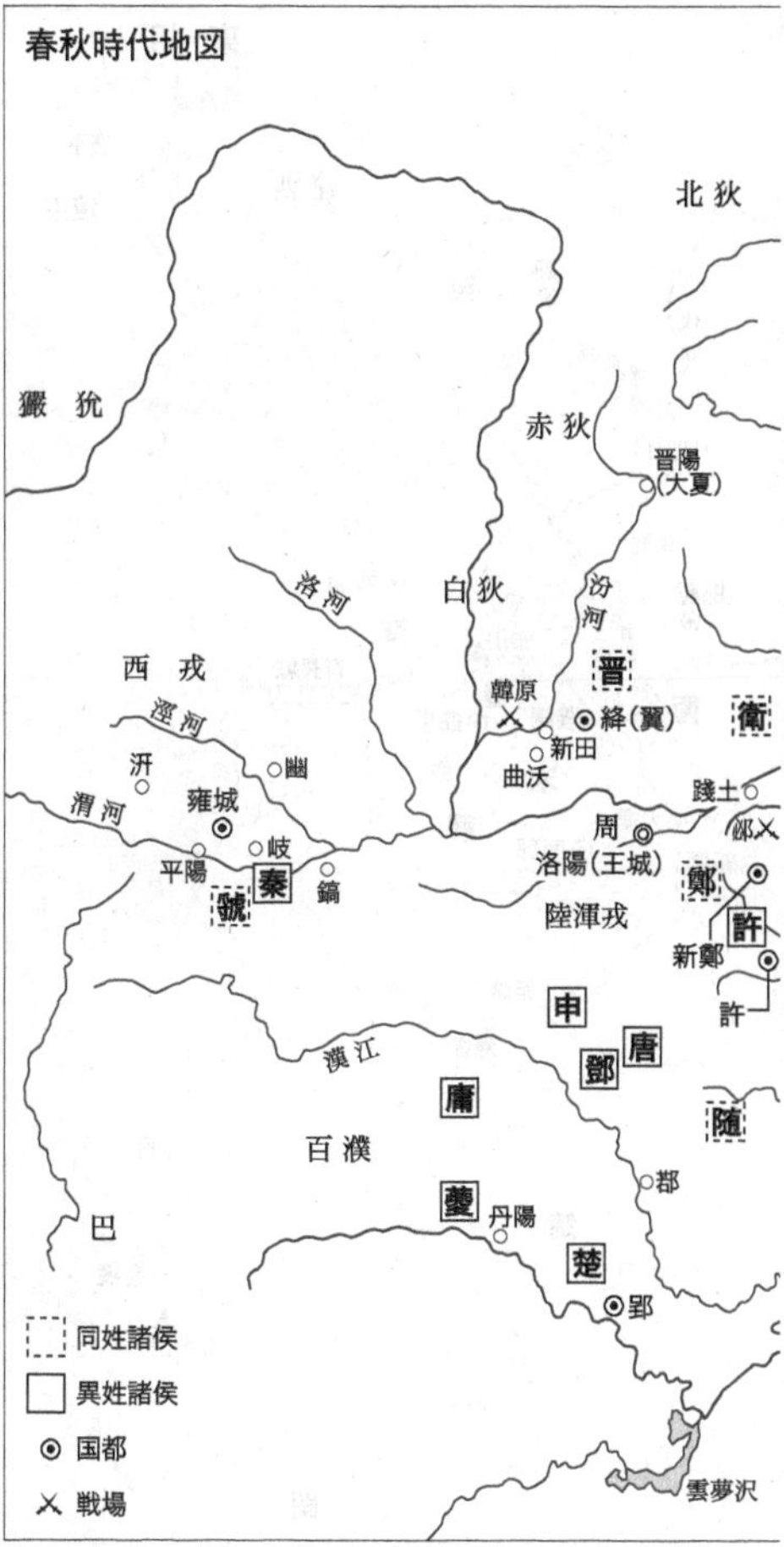
春秋時代地図
北狄
玁狁
赤狄
晋陽
(大夏)
洛河
白狄
汾河
西戎
晋
衛
韓原
絳(翼)
涇河
新田
汧
豳
曲沃
踐土
雍城
渭河
周
郯
岐
洛陽(王城)
平陽
鄭
秦
鎬
虢
陸渾戎
許
新鄭
申
許
漢江
唐
鄧
庸
随
百濮
都
夔
丹陽
巴
楚
郢
同姓諸侯
異姓諸侯
国都
戦場
雲夢沢

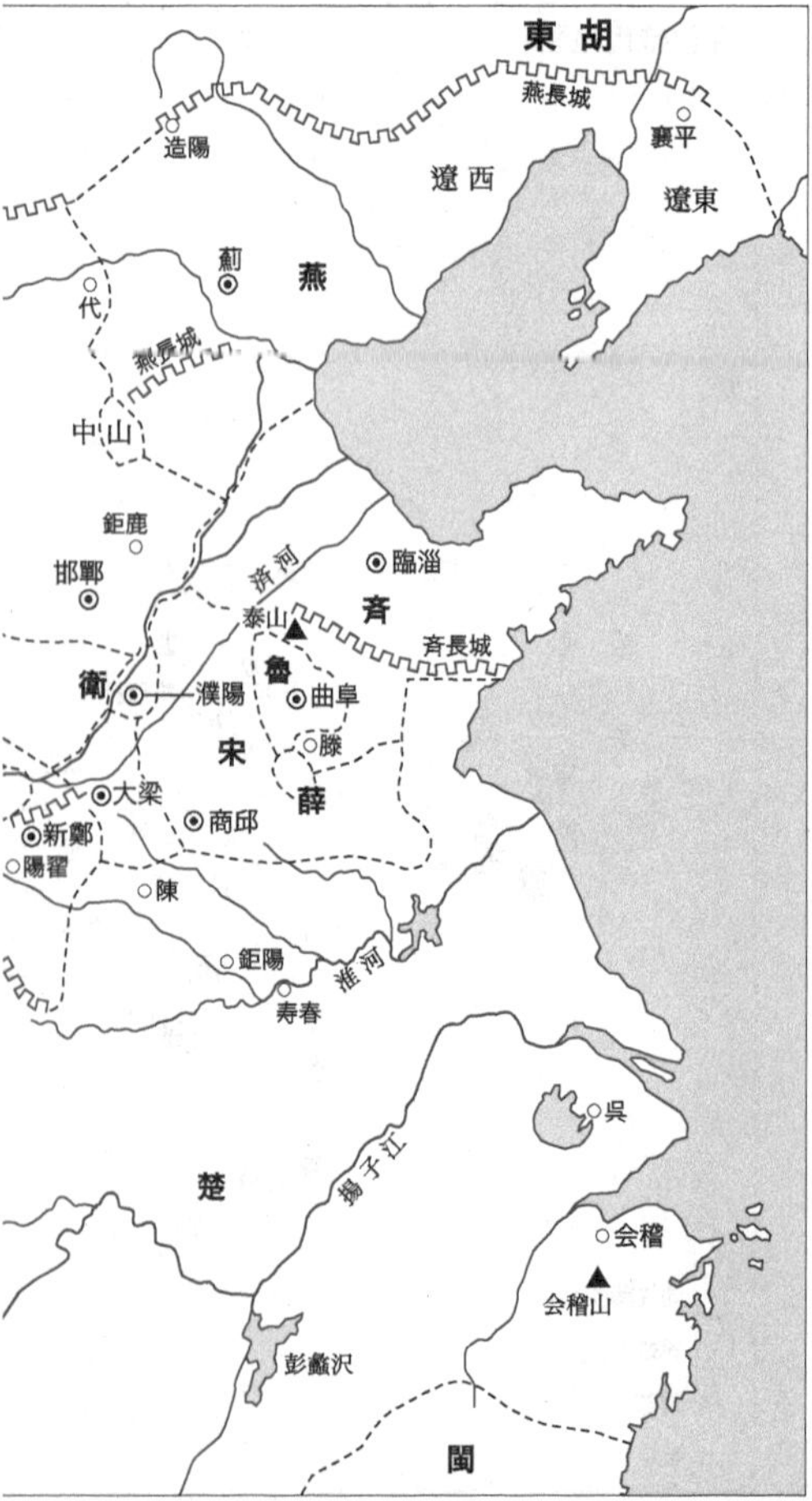

東胡
燕長城
造陽
襄平
遼西
遼東
薊
燕
代
燕長城
中山
鉅鹿
邯鄲
済河
臨淄
斉
泰山
斉長城
魯
衛
濮陽
曲阜
滕
宋
薛
大梁
新鄭
商邱
陽翟
陳
鉅陽
淮河
寿春
呉
楚
揚子江
会稽
会稽山
彭蠡沢
閩

■諸子百家■

儒家	孔子 孟子 荀子
道家	老子 荘子 列子
法家	商鞅 申不害 韓非子
名家	恵施 公孫竜子
縦横家	蘇秦 張儀
兵家	孫子 呉子

戦国時代の形勢図

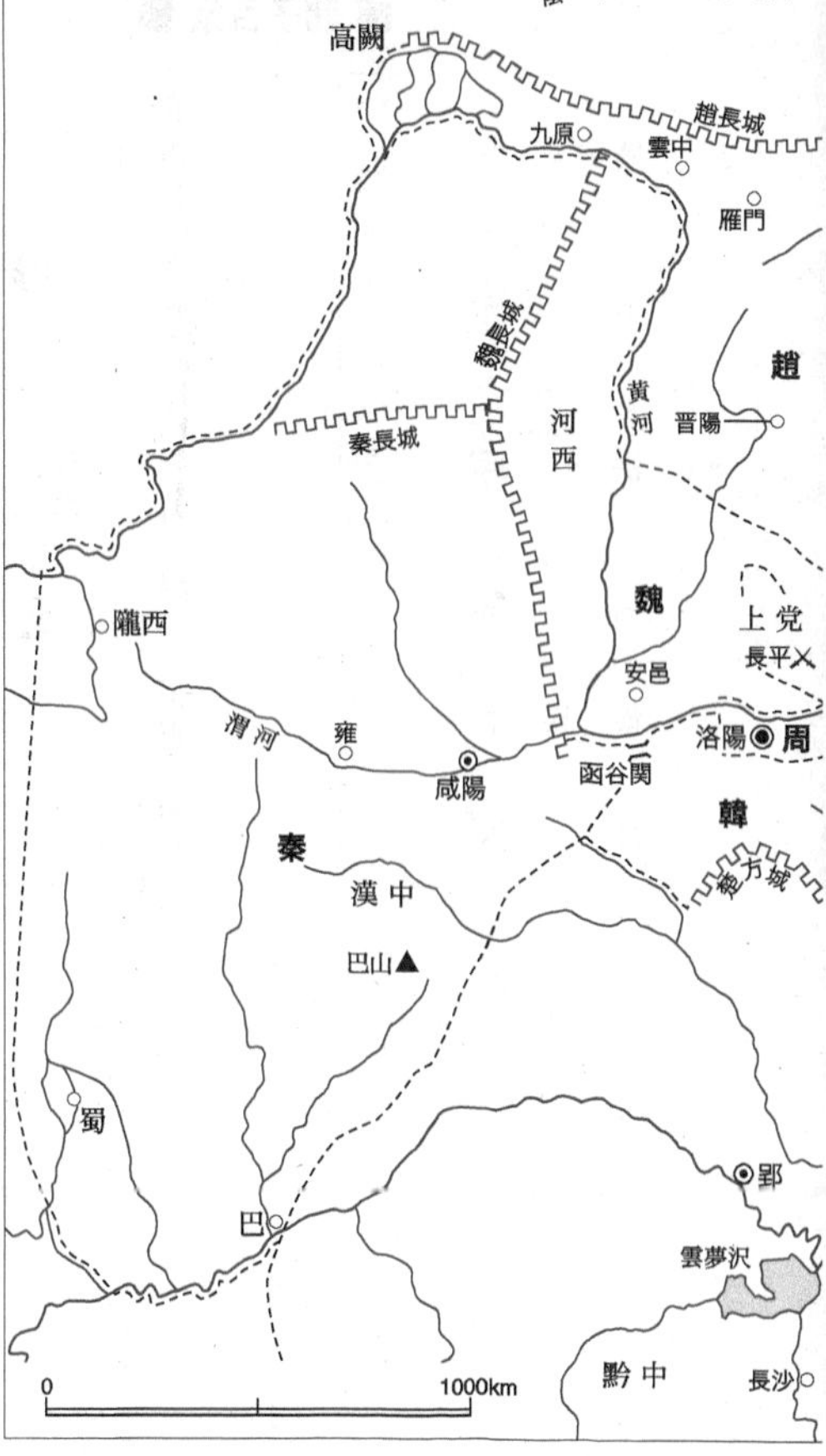

匈奴
陰山
高闕
趙長城
九原
雲中
雁門
魏長城
秦長城
河西
黄河
晋陽
趙
魏
上党
長平
安邑
隴西
渭河
雍
咸陽
函谷関
洛陽
周
韓
秦
漢中
楚方城
巴山
蜀
巴
郢
雲夢沢
黔中
長沙
0
1000km

諸子百家以前——天の思想

殷王朝

紀元前一七〇〇年ごろ、殷《いん》（商《しょう》とも）王朝が湯王《とうおう》によって開かれた。考古学的な発掘によって、彼らが非常に高度な青銅器文明を持っており、農業と牧畜の両方で生活を支えていたことが知られている。前漢の歴史家司馬遷《しばせん》の『史記《しき》』*1の中に、殷王朝の記録はあったが（殷本紀《いんほんぎ》）、本当に存在した王朝であるのか、長いあいだ、疑問視されていた。それが一八九九年、河南省安陽県小屯《かなんしょうあんようけんしょうとん》から、亀の甲羅《こうら》や牛の肩胛骨《けんこうこつ》に占いの文字（これを甲骨文《こうこつぶん》という）が刻まれているものが出土し、これでようやく殷王朝の実在が確認されることになった。

この甲骨文を解読してみると、たとえば、「実りがあるでしょうか」などと神に質問をしていることがわかる。これらは、こうした亀の甲なら亀の甲に熱を当て、ヒビ割れのしかたで、「実りは豊かだ」とか「実りは少ない」とか、神が答えてくださるという占いの記録なのである。

一方で、非常に高度な青銅器文明を有しながら、その一方でこうした占いがあったとは、どことなく不釣合いな感もあるが、要するに、まだ人々の心も素朴で、巫女《みこ》（シャーマン）を重要な地位に置いて、神権政治が行なわれていたのだろうと考えられている。

そういうことになると、哲学的にはどういうことになるか。人の意志（人意《じんい》）よりも神の意志（神意《しんい》）が優先するわけだから、人間一人一人が「自分の哲学」を持つことがあったとしても、だいぶニュアンスが違いそうである。

「神の意志にさからうのではなく、いかに神に気にいられる人間になるかが問題だ」というような人生観もあったろう。中にはヘソ曲がりな人物がいて、神にさからってみせる者もあったろう。いや、たしかにあった。『史記』によると、殷の第二十七代の帝王武乙《ぶいつ》がそうであった。

武乙は無道な王であった。人形をつくり、「天の神」と名づけ、これと博奕《ばくち》（すごろく）を行なった。人形では勝負ができないから、ある者に「天の神」の代わりをさせたのだが、「天の神」が負けると、さんざんに侮辱して喜んだ。また、革《かわ》で嚢《ふくろ》をつくってその中に血液（何の血かは不明）をたっぷり入れて釣《つ》るし、下から矢を射かけ、「天を射るのだ」と言い、矢が当たって血が流れるのを楽しんだ。やがて、武乙は黄河《こうが》・渭《い》水《すい》方面で狩猟を行なった。突然、雷鳴がとどろき、武乙は雷に打たれて死んだ。（殷本紀）

さすがの武乙も天罰を受けたということであろうが、ひとつ注意しておきたい点がある。それは、さきほどから「神に質問する」とか、「神意」という言葉を用いてきたけれども、この武乙の話には、「天の神（原文は天神《てんしん》）」という言葉が見えている点である。つまり、殷代の人々は、「神」の居場所は「天」であると考えていたらしい。そして、その「天」の「神」に向かって、さきほどの甲骨文のように「実りはどうか」とか、天候のぐあいなどをたずねているわけである。その「天」から、このたび武乙にくだされた罰が、大空から武乙に向かって落ちた稲妻《いなずま》であった。

ここから、「神」の居場所は「天」。「天」こそはすなわち「神」という筋道が出てくるのだが、これについては、あとで別に「天の思想」として、項をあらためて述べることにしたい。今ここで記憶にとどめていただきたいのは、殷代およそ六百年の時を通じて、「神意」の優先というかたちがあったことである。そして、これだけ長いあいだ行なわれたことは、そう簡単に捨て去れはしないであろうということである。かりに捨て去るにしても、そこには必ず思想的な苦闘（あるいは苦悩）があるはずである。

本書で取りあげる思想家たちは、いったいどう考えてゆくのだろうか。

殷王朝は、「諸子百家」の時代ではなかった。「神意」が「人意」に優先する時代に

は、「哲学」のように、いかにも「人意」であるものは、「争鳴」のしようがないからである。ただし、理屈のうえからは、

「殷王朝は、『神意という哲学』を用いて人々を支配していたのだ」

と言うことも可能である。が、はたしてそこまで言ってしまえるかどうかは、今後の考古学的発掘そのほかの研究成果を待って、あらためて検討されなければなるまい。

周王朝

紀元前一一〇〇年ごろ、さきほどの「無道」と評された武乙《ぶいつ》から三代あとの帝王辛《しん》(紂王《ちゅうおう》)が、周《しゅう》の武王に滅ぼされ、殷王朝は消滅した。しかし、そうは言っても、殷の支配領域や政治体制のすみずみまで根絶やしにするわけにはいかなかった。そこで、鎬京《こうけい》(現在の陝西省《せんせいしょう》西安市)の首都のほか、洛陽《らくよう》(現在の河南省洛陽市)にも都をつくり、天下の各地を鎮圧する制度で国を治めることにした。これが「封建制」で、今の王のあとを継いで次の王となる長子(太子《たいし》)以外の王子たち、あるいは功績のあった臣下に領土(これを封土《ほうど》という)を与え、諸侯とし、各地を治めさせた。

しかし、一種の「分割統治」の面を持つ封建制には問題もあり、紀元前七七一年、幽王《ゆうおう》が首都鎬京に近いところにいた異民族犬戎《けんじゅう》*2らに攻めこまれ、殺害されるという大事件が起き、その問題点が表面化してくる。

『史記』（周本紀）によると、幽王は褒姒《ほうじ》を寵愛《ちょうあい》したが、褒姒はあまり笑うことのない女性で、しかし、幽王は彼女の笑顔が見たくてしょうがない。いろいろやってみたがうまくいかず、あるとき、敵の来襲を諸侯に伝えるための当時の緊急通信手段である烽火《のろし》をあげ、太鼓を打ち鳴らした。烽火を見た諸侯があわてて駆けつけてみると、何もない。諸侯があきれて帰る姿を見て、褒姒が笑った。

幽王は喜んで、しばしば烽火をあげた。やがて諸侯は、烽火があがっても、

「またか」

と思って、駆けつけて来なくなった。その一方で幽王は、褒姒を寵愛するあまり、太子を産んだ后《きさき》を格下げしたりしたので、后の父申侯《しんこう》が怒って犬戎らを誘って反乱を起こし、幽王を殺害した。この話は何を物語るのか。この話は「諸侯が王の言うことをきかなくなる」ことの象徴である。封建制は、諸侯が言うことをきかなくなったら、大変にまずい制度だということである。

幽王のあとの平王《へいおう》は、幽王を殺して宝物を奪い、いわば味をしめた異民族の勢力を恐れ、鎬京を捨て、東のほうにある洛陽を本拠とした。首都の移転にともない、紀元前七七〇年からの周王朝を「東周《とうしゅう》（東の周）」と呼ぶ（紀元前七七一年までを「西周《せいしゅう》」と呼ぶ）。

さて、軍事力に全く自信がない、弱腰の王（平王）の姿を見て、天下各地の諸侯の

態度が目に見えて変わってくる。もともと諸侯は自分が与えられた（封《ほう》ぜられた）領土で、「都市国家」（古代ギリシヤのポリスのごとく、独立性の強いもの）のような営みをつづけていたのだが、

「これなら、周に取って代わるのも不可能ではないぞ」

との感を深くしたのであろう、本気で自分の治める領土を、一つの「独立国家」に組みかえ、ととのえはじめた。各国では盛んに産業（武器製造の軍需産業を含む）がおこり、生産力は飛躍的に向上した。この時代（前七七〇—前四〇三）を春秋時代と呼ぶ。孔子が編纂《へんさん》した『春秋』*3という書物に記載された時代を含むので、こう呼ぶのである。

もちろん、周王朝はまだつづいている。しかし、諸侯は形式的に周王朝を尊びつつ、実際には自分の国を強くし、他の諸侯の国を呑《の》みこんだりしている。春秋時代が、別に「覇者《はしゃ》の時代」と呼ばれるのは、こうした「現実」によるものである。

孔子は、こういう時代に生まれた（前五五二。一説に前五五一）。そして、力がものを言う覇者の「現実」と、表面上は形式的に周王朝を尊び、儀礼をつくしているという「建前《たてまえ》」を目《ま》のあたりにしながら、生きた。ひとくちに言ってしまえば、「乱世」なのだろうが、単なる武力の争いだけの「乱世」ではなく、当時の文献（たとえば『論語』）を見れば、

「うまくすれば、このごたごたした現実の争いのはてに、すばらしい理想の国が実現するのではないか」

という前向きなとらえ方がうかがえる。この前向きな考え方が、彼らを思索に、行動に駆りたてたのだろう。「神意《しんい》」によるのではなく、「人間の力で何かができるのではないか」という気運が盛りあがっていたと考えて、まちがいはない。「乱世」の中にも、希望はあったのだ。

しかし、まだ「神」を、「天」を、人間と完全に切りはなすところまでは、いっていなかった。あとで紹介する彼らの思想を見れば、明らかであろう。だが、先を急いではいけない。殷王朝がそうであり、周王朝もそれを受け継いだ「天の思想」、これをきちんと整理しておく必要がある。「天の思想」がすべての基盤となって、「諸子百家」の思想があるのだから。

天の思想

私たちが哲学関係の本を読んで、すぐにいやになってしまう最大の理由は、そこで使われる言葉のむずかしさであろう。そのむずかしさの最大の原因は、哲学を語る人によって、同じ言葉を用いていながらニュアンスが違っている点にある。いかに難義な言葉でも、「Aは、やさしく言えばBという意味である」と置きかえればすむ——

こうであったら、哲学はもっと親しみやすいはずである。「天の思想」の説明上、ちょっとだけ、めんどうくさい話に触れねばならない。本当に「ちょっとだけ」であるから、ちょっとだけがまんしていただきたい。哲学の本を読んでいやになる例を挙げてみたいのである。

まず、「ロゴス」などという言葉が出てくる。ついでに「パトス」とか「エトス」とかが出てくると、どれがどのことだったっけ、と頭が混乱してくる。そもそも、「ロゴス」とはどういう意味なのか。手元の国語辞典の類《たぐい》を引いてみると、

概念《がいねん》。意味。説明。理由。ギリシヤ哲学で言うところの万物《ばんぶつ》を支配する法則。キリスト教における「子《こ》なる神」。

などと、並んでいる。このうちのどれが、今自分が当面している「ロゴス」なのか？　ここでたいてい挫《ざ》折《せつ》が起きる。さらに、親切な国語辞典は、

本来は「言葉」の意味。

などと付け加えてあったりするので、かえって混迷を深くする場合がある。では、「国語辞典ではだめだ。哲学の辞典（事典）を調べて、きちんと把握しよう」と、前向きに努力すると、どうなるか。たとえば、国語の辞典には見られない、次

のような意味が記されている。

ことがらそのもの。比例。尺度。思考能力。理性。定義。

こうなると、ますますわからなくなってゆく。だが、幸いなことに、中国古代の思想（ここで解説する「天の思想」）や「諸子百家」の思想は、もう少し明確な整理ができる。ひとことで「天」と言っても、いくつかの意味に分かれてはいるが、それぞれの意味・使われ方は、

「なるほどね」

と納得できるものであると思う。順に整理してゆくことにしよう。

(1)天とは空《そら》のことである。

これは問題ないだろう。「天」はどこにあるのか、と地面に穴を掘りすすめる人はいるまい。太古の昔にもいなかったろう。さきほど紹介した「無道の帝王武乙」の天罰は、天空《てんくう》（そら）から落ちる稲妻であった。そして、「神」の居場所が天空ということになっていたのであった。

(2)天とは神である。

『爾雅《じが》』＊4という古い字書に、「天というのは、神のことである」と見えている。「神」の居場所である「天」は、そのまま「神」そのものと言いかえてもよかった。現代を生きる私たちは、帝王武乙の落雷による死について、雷という現象が電気的作用であることを常識としているけれども、今から二千何百年も前の人々は、そんな説明のしかたを知らなかった。だから、落雷、あるいは暴風雨などの自然現象を非常におそれた。

現在もそうしたことで死者が出たりするが、とりあえず電気とか低気圧とか台風の襲来という「説明」を持っている分、いくらかは冷静でいられる。

しかし、何よりおそろしいのは、そうした「天災」は、人間の力で食いとめることも、途中で終わらせることもできない点である。そして、天空（そら）の現象とは言えない山崩れや地震も、今日の私たちが「天災」の中に含めて考えているのと同様、「天がくだしたまう災い」であった。したがって、「天」とは、まことにおそるべきもの、だから、人間は「天」におわします「神」の意志を、前に述べた甲骨文の占いによって、問わねばならなかった。

「こういうことをして、よろしいでしょうか」

「これこれのことをしたいので、どうか我々に祝福をお与えください」

と、「神」への問いと、「神」への祈りが共存していた。しかし、後者の祈りは、人間の意志による、意識的な行動への支持を求めているかたちである。「神」をおそれつつも、「神」からはなれて自立してゆこうとする姿が感じられる。とはいえ、「神」へのおそれは失われていないし、「神」への疑い（懐疑）も、表面には出てこない。「天」への（すなわち「神」への）おそれをあらわす言葉に「天威《てんい》」がある。『詩経《しきょう》』＊5の中に、こんな詩がある。

ここに羊と牛とを
進献いたします
ああ、天の神よ
どうぞお受けください
私たちは
文王《ぶんのう》（周の文王のこと。周王朝を開いた武王の父）のお教えにしたがい、毎日毎日、
四方の国を安泰にすべく
努めております
ああ、おおいなるかな文王
私たちの　ささげものを

お受けください
私たちは
朝はやくから夜おそくまで
天の威をおそれつつ
そのおさしずのままに
国を保つ所存です
（周頌《しゅうしょう》、我将《がしょう》）

ここでは天の神と、周の文王の霊とが同時に祀《まつ》られている。もちろん、この詩の制作された年代は——紀元前一一〇〇年ごろの周王朝成立後、比較的初期の作品なのであろうが——紀元前何年の作と決定できるものではない。が、しかし、この詩のような祀りが、周王朝の存続しているかぎり、諸侯たちによって「建前」として行なわれていたわけである。

さて、「天」は「神」そのものでもあるとして、この「天」なる「神」は、本来、人間に祝福を与えてくれるものなのであろうか。

それとも、人間をいじめるものなのであろうか。これは言うまでもなく、前者と考えられていた。通常の状態なら、天には太陽があり、万物をはぐくんでくれる。そして普通なら、適当に雨が降り、作物が実り、そのおかげで人間は生きてゆける。季節の変化や自然現象は、人間の力でねじ曲げたりはできないが、こうした順調な天の恵みなら、ねじ曲げようと思う必要はなかろう。そのまま天の恵みを享《う》けていればよい。だから、本来、普通の状態なら、天は、あるいは「天の神」は、人間を生かしてくれるものと言える。しかし、あくまでも、その営みは人間を超越したものであることに変わりはない。『論語《ろんご》』にこんな問答がある。

孔子「私はもう何も言わないことにしよう」
子貢《しこう》＊6「先生が何もおっしゃらなくては、私たちは何も学べなくなってしまいます」
孔子「天を見よ。何も言わないではないか。それでいて、春夏秋冬の変化はまちがいなく起こり、あらゆるものが生まれ、そして生きてゆく。天は何も言わないではないか」（陽貨篇《ようかへん》）

「あらゆるものが生まれ」の部分の原文は「百物生（百物生《ひゃくぶつしょう》ず）」である。「百物」は数字の上では「万物」の百分の一だが、意味としては、どちらも「あらゆるもの」、強くいえば、「ありとあらゆるもの」である。

この問答において、孔子は何か教育的なことをほのめかしているようだが、天の作用、営みについては、そのままに肯定している。ここでは、人間の営みは、天の作用の中で、言わばその懐に抱《いだ》かれるようにして、ある。天なる神の手の中で、と言いかえてもよいだろう。これは、殷の時代の「神意《しんい》（神の意志）」を引きずった、あるいは、「神意」という考え方の上に立って、その調和を現実の生活の中に感じとる態度と言えよう。

さて、ここで、「あらゆるものが天によって生まれ、生きてゆく」ということは、「天（あるいは神）こそが、あらゆるものの生み主《うぬし》」であるということになる。逆な方向から言えば、人間をも含んだ、ありとあらゆるものは「天」から生まれてきたことになる。どこからそういう考え方（あるいは、説明のしかた）が生まれてくるのであろうか。ここで、もう一度、兼好《けんこう》法師に登場していただこう。

(3)天は万物の生み主である。

兼好法師の『徒然草《つれづれぐさ》』のいちばん終わりの第二百四十三段を見てみよう。

数え八歳になった年に、父にこんな質問をしたことがある。「仏《ほとけ》とは、どういうものでしょうか」。父は、「仏とは、人間がなるものだ」と言った。「人間は、どうやって仏というものになるのでしょうか」。「それは、仏の教えに導かれて、なるのだ」。「人を教え導いて仏にするその仏は、誰が教え導いて仏にしたのですか」。「その前の仏が教え導いて、仏になられたのだ」。「では、いちばん最初の仏は、誰かに教え導かれて仏になったのではないはずですね。いったいどういう仏さまだったのですか」。父は、「空《そら》から降ったのかな、土から湧《わ》いたのかな」と言って笑い、いろいろな人に、「子どもに問いつめられて、答えられなくなってしまいました」と話しては、おもしろがっていた。

国文法の時間のような直訳をしたわけではないが、要するにこういう話である。ここでは「仏《ほとけ》」が話題になっているけれども、ここに見える「仏」を追求する方式を「人間」に応用すると、どうなるか。いちばん最初の「人間」は、どこに、どうやって生まれたのだろうか。どこからきたのだろうか。現在の、かなり数が増えてしまった私たち人類には、「どうやって」の部分について、精子と卵子の結合という「説明」があるが、二千何百年も前の、そういう「説明」がなかった時代に、どういう「説明」がありえただろうか。

おそらく、今から六百五十年ほど前の兼好法師の父上と同様、「空から降ったか、土から湧いたか」という「説明」ぐらいしか、やはりなかったのではなかろうか。つまり、「天」からか、「地」からか、である。そして、この感覚による「説明」は現代にも生きていて、たとえば、「コウノトリが赤ん坊を運んで来る（これは天から）」と言ったり、「赤ん坊はキャベツ畑に生まれる（地から）」と言ったりされる。
では、二千何百年、あるいは三千年近く前の中国での「説明」のしかたは、いかがであったろうか。「天が生みたもうた」と説明している。『詩経』に、次のような詩がある。

天が数多くの人間を生みたもうた
そして　すべてのものに
天の法則が与えられている
人間は天から与えられた不変の法則にしたがい　その美徳を愛するのだ（以下略）
（大雅《たいが》、烝民《じょうみん》）

『竹書紀年《ちくしょきねん》』＊7と呼ばれる書物によると、この詩は周の宣王《せんのう》の七年（前八二一）の作とされる。が、年代のことはさておき、ここに見えるのは、「人間のはじめは、天によって生んでもらった」という「説明」である。そして、アダムとイブの話と違い、はじめから多数の人間が、生んでもらっている。そこに、罪悪の設定はない。
それどころか、天によって、「不変の美徳」が与えられている、とうたわれるのである。ここにあるのは、前に触れたような、「神は本来、人間を祝福してくれるものなのだ」という考え方であり、一種の人間賛歌である。この詩のことは、あとあとまでご記憶いただきたい。孟子《もうし》によって強く主張される性善説、「人間は本来、善《よ》いものなのだ」という確信の根拠でもあるからである。

さきほど、年代のことはさておき、と言ったが、紀元前八二一年の作とすれば、周王朝が開かれてから、二百八十年ほどたっていることになる。ようやく周王朝も落ちつき、その安定とともに、自信も深まっていたことだろう。周王朝の流れを歴史的に見れば、宣王は中興《ちゅうこう》の主《しゅ》に位置づけられる。なればこその人間賛歌かもしれない。

しかし、人間賛歌とは、人間が自信を深めていればこその話で、「神への奉仕のしかたが、すごくうまくなったぞ」という自慢ではない。人間が人間として、すばらしく生きているのだという実感、これが不可欠であることに変わりはない。

そして、こうした人間賛歌がうたわれるとき、同時に、自分たちに祝福を与えてくれる「天」への無限の信頼があったことを見落とさぬようにしたい。「天」に対する信頼がぐらついているのに、人間賛歌だけが高らかにうたわれることはない——これが古代思想を見るときのひとつのポイントである。

さて、「天」が人間を生んだ、そしてその「天」の法則が人間にも備わっている、ということは、人間が「天」に支配されている面があることを意味している。つまり人間は、自分ではどうすることもできないもの——ちょうど人間の手で季節を動かしえないのと同様のものを、自分の中にかかえこんでいることになる。そして、それに支配され、動かされる以外に手がないということになる。そういう方面から説明すると、「天」とは、次のようなものだ、となる。

(4)天とは運命である。

『易経《えききょう》』*8に、

天が自分に命じた役割を知って、その役割を果たすことを楽しむ。こうすれば、悩みにとりつかれることはない。（繫辞伝《けいじでん》・上）

とある。「天」は、自分という人間を使って何事かをやらせようとしているのだ。そのために、自分はこの世に人間として生を享けたのだ。自分はそういう運命を背負って生まれたのだ——こういう自覚の上に立って、自分が果たすべき仕事を成しとげる。悩む必要などない。

しかし、こうした自覚の上に立って、積極的に生きてゆこうとしても、「自分が果たすべき役割とは、いったい何だろう」と、それを見つけられぬ場合はどうすればよいのか。その答えがここに用意されていないのは、個々の人間によって、その「果たすべき役割」がことなるから、具体的に「これだよ」とは示していないのである。自分の「果たすべき役割」を見つけるために、人間は学問をしたり、思索をしたりするのだ、と言っているのであろう。

もし、自分の「果たすべき役割」が自覚できたなら、その与えられた運命に従って、充実した日々をすごすことも可能であろうが、こうした「運命論」の危険性は、人間の努力放棄をうながしてしまうところにある。たとえば、兵法《へいほう》の書『六韜《りくとう》』＊9の中に、

天が与えた運命は、人間の力では変更できない。（武韜《ぶとう》、順啓《じゅんけい》）

という言葉がある。「どうせ、努力したってしょうがない。運命だから、しかたないんだ」という割り切り方が、生じてしまう。さらに、

「努力なんかしなくていいんだ。運命で、なるようになるんだ。努力しなくたって、自分がこの世で果たすべき役割があるなら、努力しなくても果たせるように運命で決まっているはずだろう」

といった、妙な居直りをも生むおそれがある。「天命」、天がそうすることを命じた

のだ、という言葉があり、王朝の交代期などに声高《こわだか》に叫ばれるが、これも「運命論」であることに変わりはない。

「自分たちに新しい王朝を開くよう、天が命ぜられたのだ」

との強い自覚、あるいは信念は、たしかに強い力を生むであろう。しかし、その一方で、

「そんなこと自分には関係ない」

と、すねてしまう人々もいるだろう。そういう人々にとっては、「関係がないのが、自分たちの運命だ」である。

自分の「果たすべき役割」を、「これだ」「これ以外にない」と自覚できる人には、「運命論」も力を与えてくれるが、そうでないと、努力の放棄につながってしまう。もちろん、自分の「果たすべき役割」を、「これだ」「これ以外にない」と自覚できなくても、いつか自覚できる日が来ることを信じて、努力をつづけてゆく人もいるはずである。そういうふうに、ひとつの考え方に立っていながら、人それぞれで受けとめ方がちがってしまうような場合、中国の古代思想は、どういう説明のしかたを用意したのであろうか。ポイントは、そうした種々の受けとめ方のうち、どのタイプに属する人々を、「天（あるいは神）」が祝福するのか、である。

(5)天とは徳のある者に味方し、悪をいましめる人格神である。

これは(2)の「天とは神である」が少し詳しくなったかたちをしているけれども、(2)が客観的な感じを持つのに対し、「徳ある者に味方する」という人間の側の「解釈」が投影されているぶん、主観的なものとなっている。

この説明のしかたには、(4)の「運命論」のマイナス面へのブレーキの機能がある。つまり、「徳ある者」すなわち、「天命」を自覚し、懸命にその「果たすべき役割」を果たしてゆく者を支持し、祝福してくれる。そうでないタイプの人間は祝福せず、天罰をくだしたりする——そう考えるのだから、(4)のところで出現したような、「運命だから、しょうがない」とあきらめてしまう人間や、「運命でそう決まっているのだろう？　努力なんかしなくたって、運命でそうなるはずじゃないか」と居直る人間には、祝福がないことになる。まことに見事なブレーキである。古代の人々が、はたして意識的にこういうブレーキの機能を有する説明のしかたをあみだしたのか、いろいろの説明のしかたの中におのずと現れたものなのか、にわかに決定できないけれども、人間の叡智《えいち》のすばらしさを感じる。

しかし、その一方で、人間の目で見た「麗《うるわ》しいもの」を「天」が支持し、祝福するということになると、「天」は、人間が何かを説明するときの便利な道具に変化してゆくことになる。これは新たなマイナス面である。今度は何でもかんでも「天」のせいにしてしまう人間が出てくるはずである。また、「天」の性格が人間に近づき、人間をただその懐に抱いているのではなく、善いものをほめ、悪いことを叱《しか》る躾《しつけ》を始めたわけだ。その躾が不満なら、幼児でも、だだをこねる。この世を動かしているのは、「天（神）」の意志なのか、人間の意志・行動のために、そのつど都合よく「天」が引っぱり出されるのか。しだいに区別がつかなくなってくるはずである。

さて、この考え方の例証をあげておこう。

天には、えこひいきはありませんが、徳のある者についてては助けてくれます。

（『春秋左氏伝《しゅんじゅうさしでん》』*10 僖公《きこう》五年）

天には、えこひいきはないが、いつも善人には味方してくれる。

（『老子《ろうし》』第七十九章）

私が天を敬わなかったから、天は洪水という災害をくだして、戒《いまし》められたのだ。

（『春秋左氏伝』荘公《そうこう》十一年）

新しい国が興《おこ》ろうとすると、明らかなる神が地上に降りてこられ、その国が真に徳のあるものか、ごらんになります。国が滅亡しようとするときにも、神はまた地上に降りてこられ、その国の悪をしっかり観察されるのです。

（『同』荘公三十二年）

天は地上の民をお助けになり、罪人をしりぞけ、屈伏させる。

（『書経《しょきょう》』[11] 湯誥《とうこう》）

さらに、もう少し人間寄りの「天」の例としては、

民衆の欲していることは、天が必ずかなえてくださる。

（『春秋左氏伝』襄公《じょうこう》三十一年）

がある。

さて、読者各位もおそらくお気づきのように、「天とは何なのか」から、「天とはどういう性質を持つものなのか」に話が移りつつある。そして、この移行にともなって、だんだんと人間が幅をきかすようになってきている。残念ながら、今までの「考え方（もしくは説明のしかた）」のうちの、どれが最も古く、どれが最も新しいのか、順序

を決定することはできない。新しい文献のほうに、古い考え方が記されている場合もありうるので、決めかねるのである。本書は、あくまでも、このあとの「諸子百家」のうちの代表的な思想家たちの思索の基盤となったことがらについて、便宜的に整理してきたにすぎない。まだ、「天」の性質についての重要な考え方が残っているので、もう少し解説しよう。

(6)天は、みずからの力で行なうのではなく、自分が命令を与えた人間の手を借りて、物事を行なわせるのである。

前の無道の帝王武乙の話にあったように、「天は、みずから罰をくだす」という考え方があったはずである。しかし、この(6)の考え方になると、明らかに人間の営み——あくまでも「天命」を自覚した営みである——のほうが中心で、「天」はその『天命』を自覚した人間の営み」の正しさを保証してくれる存在になってしまっている。これはもはや素朴に「天」「神」の懐に抱かれて暮らしている段階ではないように思われる。だいぶ人間中心になってきているので、新しい考え方と言ってよいだろう。『書経』に、次のような一節がある。

夏《か》王朝の桀王《けつおう》は、それまでの夏の先君《せんくん》たちとちがい、先君たちがそれまで行なってきた慎みぶかい営みをだいなしにしてしまったので、天は災いをくだされ、天命を受けた我らが敬慕する（殷の）湯王《とうおう》の手を借りて、滅ぼされたのであります。（伊訓《いくん》）

ここに言う「天の災い」とは、「新たに地上の王となり、人間社会を治めよ」という「天命」を与えられた（そう自覚した）人間の手を借りて、悪い統治者に滅亡の鉄槌《てっつい》が打ちおろされることを意味している。この場合の「天」は、帝王武乙の場合のように、稲妻を打ち当てて王を殺すような行為をしていない。「人間社会の問題は、人間の手で解決せよ」という態度を基本とし、ある特定の人間を選んで、

「お前がやりなさい」

と命じるだけである。しかし命ぜられる側の人間は、あくまでも、「私はそう天から命ぜられているのだ」と「自覚」するだけである。だから、「天」のそういう「命令」も、本当にその人にくだったのかどうか、保証はない。

「自覚」と「信念」の問題になっていきそうだが、ここで大事なのは、(5)の考え方によれば、天は徳ある者を支持・祝福してくれるはずであった。しかし、この「支持・祝福」は条件つきであり、徳がなくなれば、すぐに「天」はその人物を見捨て、誰か

別の「徳ある者」に「命令」を移してしまう。つまり、本当に「天命」がくだったかどうかは、その人の「自覚」にゆだねられ、何だか、人間の勝手が通りそうな気がするのだが、「天」は急にプィと横を向いてしまうかもしれない。

ここに、「天」の面目が保たれている。いくら人間がまじめに努力している気になっていても、「天」が別の誰かに「命令」を移してしまうことは、食いとめられないのである。『書経』のさきほどの篇《へん》のあとの部分に、

上帝《じょうてい》（上天《じょうてん》に同じ）の命《めい》は、一度くだればそのまま永遠であるということはありません。善《よ》い行ないをすれば、あらゆる祝福がくだされますが、悪いことをすれば、あらゆる災いがくだされます。

とある。この『書経』の伊訓篇《いくんへん》は、殷代《いんだい》の著作ではなく、あちこちの文献から、後世（漢代《かん》）あらためて構成されたものと考えられている。つまり、時代としては、「諸子百家」より新しい時代の産物ということになる。しかし、その「あちこちの文献」が、ちょうど「諸子百家」の種々の著作であるので、この考え方に触れておくのは、無意味ではない。

(7)天帝の子が天子である。

さきほど、『書経』伊訓篇をご紹介した中で、「上帝（上天に同じ）」とあるのにお気づきのことと思う。本書においては、説明の便宜上、「天」の文字で話をすすめてきたのだが、殷代では「帝《てい》」、周になると「天」という、おおざっぱな使い分けがある。殷代では「帝」はおもに祖先神を指していたらしいが、やがて、「天」も「帝」も「神」も、同じように使われた。そして、「天神《てんしん》」と熟語になるのと同様、「天帝《てんてい》」とも用いられた。

さらに「天子《てんし》」という言い方がある。「天帝（あるいは天神）の子」の意味である。さきほど、「天命」を自覚することについて記したが、「天命を背負って、この世に人間として生まれてきた」という受けとめ方がありうる。いわば、「神の申し子《もうご》」である。「生まれ、やがて成長したら、悪い王朝を倒し、お前が新しい王として、地上の人間社会を治めるのだぞ」

と、神に送り出された人間である。

天子は民衆の父母として、天下の王者たれ。

（『書経』洪範《こうはん》）

前の『詩経』の詩にあったように、民衆を生んだのは天であり、天子をこの世に生んだのも天である。しかし、「天子」は特別な使命をおびて生まれた。天下の王者として、人間社会を治めるという使命である。天の神の代理として、人間社会を治めるのだから、「民衆の生み主」(3)参照)の代理でもある。それゆえ「民の父母」なのだ(あくまで代理は代理だが)。

そして、「天子」は、人間社会を、神(天帝、あるいは天神などと言っても同じ)の意志にそって運営する。当然、そこには秩序がなくてはならぬし、ルールにそった、きちんとした営みが行なわれなければならない。

むろんその「秩序」とか「ルール」とかは、神(天帝、天神)の望むものでなくてはならない。そうでなかったら、簡単に「天命」がほかの誰かに移ってしまうから。言うなれば、「天子」とは、神(天帝、天神)の尺度や秩序を、この世で実現する役割を与えられた存在で、逆に言うと、「天子」の行なうことは、すべて神(天帝、天神)の行ないそのもの、ということになる。

このへんで読者各位は妙な暗合に気づいておられまいか。「天子」とは、秩序であり、ルールであり、尺度であり、ひいては万物を支配する法則でもあり、そして「子《こ》なる神《かみ》」である。いかにも、前に難しさをなげいた、あの「ロゴス」そのものではないか。この(7)は、実は「天子とはロゴスである」と掲げることも可能であったわけだ。

以上、「諸子百家」の思想に直接触れる前に、ぜひともおさえておかねばならない古代の「天の思想」について、おおよその整理をした。もちろん、細かい点を追求してゆけば、例外はある。しかし、「諸子百家」の思想のベースは、ここにある。彼らはこの基盤の上に立って、思索をかさね、ある場合には賛成して一歩前進し、あるいは一部改善を試みたり、真《ま》っ向《こう》から否定しようとしたり、格闘した。

それと同時に、彼らには、彼らを取り囲む「現実」があった。古来、理想とされたものが、その「現実」のなかでも、理想でありつづけることが可能なのか。あるいは変更、はたまた放棄を余儀なくされるのか。彼らは、今まで見てきたような「基盤」の上に立ちながら、同時に「現実」とも、日々闘わねばならなかった。

しかし、前に述べたように、彼らは、そして彼らの思索は、誠実であった。だが、現代の私たちからすれば、彼らの思索の跡は、すでに遠い昔の話である。彼らの考えたことが、時代がまるでちがう私たちの「現実」に、いかなる光明を与えてくれるのか。先入観を捨て、彼らを見ならい、私たちもありったけの誠実さで彼らの著述を読んでゆくことにしよう。

＊1　司馬遷の『史記』……前漢時代の歴史家・司馬遷（前一三五？～前九三？）が編《へん》纂《さん》した、黄帝から前漢武帝までの二千数百年にわたる中国の通史。本紀十二巻、表十巻、書八巻、世家《せいか》三十巻、列伝七十巻の全百三十巻の書で、主要な人物の伝記と合わせて時代史を構成していく紀伝体《きでんたい》というスタイルで記されている。

＊2　犬戎……古代中国では西のほうの異民族を戎と呼んだが、その西戎の一つ。殷・周・春秋の時代に、陝西省を中心に勢力をふるったが、秦に圧迫されて衰退する。

＊3　『春秋』……魯《ろ》の史官が残した記録に、孔子が編集の手を加えたもので、魯の隠公《いんこう》元年（前七二二）から哀公《あいこう》十四年（前四八一）までの、二百四十二年間の編年体の記録。これに孔子はみずからの思想を託したとされる。

＊4　『爾雅』……三巻、十九編からなる中国の字書。選者ははっきりしないが、周から漢にかけての書の伝注を採録したとされる。

＊5　『詩経』……中国最古の詩の書。孔子が編集したともいわれるが、くわしくはわかっていない。周のはじめから春秋時代までの詩三百五編を、国風・雅・頌《しょう》の三部門に大別して収めている。国風は諸国の民謡、雅は朝廷の音楽などで、小雅・大雅からなる。頌は宗廟《そうびょう》での祭祀《さいし》の音楽で、周頌・魯頌・商頌の三つがある。

＊6　子貢……前五二一～？。孔子の弟子の中で最も裕福で、孔子の教団を経済的に援助したりした。各国を遊説し、魯や衛《えい》の宰相になる。

＊7　『竹書紀年』……魏《ぎ》の襄《じょう》王の墓から発掘されたもので、竹簡に古体文字で記された、夏《か》から戦国時代の魏の前半までの編年史。宋《そう》代に一時期散逸したが、清《しん》代に再び集められた。

＊8　『易経』……五経の一つ。伝説によれば、伏羲《ふくぎ》がはじめて八卦《はっけ》をつくり、それをもとに天文・地理・人事・物象を陰陽変化の原理によって説いたもので、占いに用いられた。孔子が集大成したともいわれる。

＊9　『六韜』……文韜・武韜・龍韜・虎韜・豹韜・犬韜の六篇六十節からなる中国古代の兵法書。周の太公望が撰《せん》したとされるが、現在残っている『六韜』は魏晋時代の偽作だともいわれている。なお、韜とは弓矢を収める袋という意味。

＊10　『春秋左氏伝』……『春秋』の三十巻に及ぶ注釈書。魯の太史・左丘明の著とされ、説話・逸話を集めた歴史的記事が多い。また、礼制を詳しく伝えている。

＊11　『書経』……五経の一つ。堯《ぎょう》・舜《しゅん》から周までの政論・政教を集めたもので、孔子が編纂したとされる。五十八編が伝わる。元来は「書」とか「尚書《しょうしょ》」とかと呼ばれていたが、宋代ころから「書経」と呼ばれるようになった。秦の焚書《ふんしょ》によって一時期散逸したが、その後、前漢時代に伏生《ふくせい》が口伝した「今文尚書《きんぶん》」と、

孔子の旧宅から発見された「古文尚書」が伝えられて今日にいたる。しかし、「古文尚書」のほうは、現在では東晋の梅賾《ばいさく》による偽作とされている。

孔子の思想

孔子《こうし》（前五五二〔一説に前五五一〕—前四七九）は、姓は孔、名は丘《きゅう》、字《あざな》は仲尼《ちゅうじ》。春《しゅん》秋《じゅう》時代（前七七〇—前四〇三）の後期から末期にわたる人生であった。魯《ろ》の国の陬邑《すうゆう》（山東《さんとう》省曲阜《きょくふ》）に生まれた。あとで別に章をもうけて解説する孟子《もうし》（前三七二—前二八九。ただし諸説あり）が、

孔子は、いろいろな徳を集めて大きくつくりあげたような人物であった。

（『孟子』万章篇《ばんしょうへん》・下）

と言っていることに象徴されるような、古代儒教の大成者として位置づけられる。

「諸子百家」と、ひとまとめにして言う場合、孔子もその中にはいるのだが、前漢《ぜんかん》の武《ぶ》帝《てい》[*1]（前一四一—前八七在位）の時代に、儒教は国教《こっきょう》（国が指定する正規の学問）となり、以後二千年以上の長きにわたって、深い影響力を持つことになった。そのため、儒教の大成者である孔子は、「別格」という感じになるのだが、古代の「天の思想」がその後の思想の基盤であるように、孔子の思想も、その後の思想に非常な影響力を持っ

た。
さて、孔子の生きた時代は、前にも述べたように、周《しゅう》王朝の支配力はまるで弱く、形式的なことがらだけが、脱《ぬ》け殻《がら》のように残存しているだけで、各地の諸侯は事実上「独立国家」のように、ふるまっていた。その代表的な人々のことを、「春秋の五覇《ごは》（春秋時代の五人の覇者）」と呼ぶ。やはりこのあとに章をもうけて解説する荀子《じゅんし》（前三一五？—前二三〇？。諸説あり）の王覇《おうは》篇（霸は覇に同じ）には、次の五人を数えている。

斉《せい》の桓公《かんこう》（前六八五—前六四三在位）
晋《しん》の文公《ぶんこう》（前六九七—前六二八。前六三六—前六二八在位）
楚《そ》の荘王《そうおう》（前六一三—前五九一在位）
呉王闔閭《ごおうこうりょ》（前五一五—前四九六在位）
越王勾践《えつおうこうせん》（前四九七—前四六五在位）

このほかの数えかたもあり、彼ら五人に関するおもしろいドラマが『史記《しき》』に記されているけれども、本書は「諸子百家《しょしひゃっか》」を主人公とするものであるので、ここではこれ以上触れている暇《いとま》がない。ただ、孔子と並べてみると、前の三者は、かなり前の人物（最も孔子に近い楚《そ》の荘王さえ、孔子の生まれる四十年前に世を去っている）である。

後の二者は、その在位期間が、孔子の人生にかさなりを持っている。が、呉王闔閭の子夫差《ふさ》（前四九六—前四七三在位）と越王勾践の戦いは、どうやら孔子の人生からはみだしてしまうらしい。孔子は中国北方がおもな活躍の領域であったと考えられるから、南方の呉《ご》・越《えつ》の事件について、どのくらい知っていたかはわからないが、夫差の敗死（前四七三）は孔子の死後六年。かりに、「南方の呉と越の戦争状態」を知っていたとしても、結末は知らなかったはずである。

いずれにせよ、富国強兵の旗印のもと、おのれの治める国の力（国力）を高め、天下に覇権《はけん》を争うのが本音の部分、形式上、周王朝を頭《かしら》にいただくのが建前《たてまえ》の部分、しかし、結局のところは本音のほうが大事という世の中であった。ひとくちに言ってしまえば「乱世」ということになろう、とは前に述べたことである。

が、天下に覇権を争うということは、最終的な勝利者に誰かがなるということにほかならない。最終的な勝利者となるためには、人心《じんしん》を得《え》ること、すなわち民衆の圧倒的な支持がなくてはならない。これは現代でも同様であろう。

「天が私に、新たな王者となれとの命令をくださったのだ」

と、「天命」を称したとしても、その自覚はとりあえずは本人だけのものである。人々を圧倒的に魅《ひ》きつけるにはどうすればよいのであろうか。人々を暴力でおどかし、刃《やいば》をちらつかせながら言うことをきくようにさせても、それは真の支持ではない。いずれ内部から亀裂《きれつ》が生じるであろう。それに、覇権を争う別の人間（ライバル）も、当然、

「私こそが、天から新たなる王者となれと命ぜられたのだ」

と主張するはずだから、へたをすると、ごっそり支持者を奪われる可能性がある。つまり、この「私こそは」「我こそは」が天下の覇権争いの重要な一面なのである。そしてここに、孔子をはじめとする儒教の面目がある。道徳を重視し、おのれの徳を高めるべく、努力して止《や》まない、これが儒教の基本姿勢であった。つまり、天下に覇《は》を唱《とな》えて他者と競い、最終的な勝利者として君臨しようと思うなら、人々の圧倒的な支持を受けるような人格者になることが不可欠ではないか、というのである。そういう「人格者」が、新たに帝王となるのであれば、

「私に、新たなる帝王となれとの天命がくだったのだ」

と主張されても、みんな納得するはずでしょう、というのだ。

たしかに、そう言われれば、そんな気がするが、現実的にはどうであろう。きのうまで軍を動かすのが大好きで、書物を読んだり古代の制度や儀式を勉強するなどとんでもないことだと言うような人物が、急に、

「よし。きょうから私は懸命に勉強して、りっぱな人間になることにする」

などと言いだして、はたしてそれで間に合うのだろうか。いつ国境に隣の国の兵が迫ってくるかわからぬという時代に。

それに、きのうと今日とで、生活態度を急変させては、かえって「信念がないのじゃないか」とか、「何かたくらんでいるのではないか」という疑いをひきおこすおそれもあろう。

そこで、結論としては、こうなる。儒教は、天下に何人もの有力者がいて、最終的勝利者の地位を争っている最中には、現実問題として間に合わない。しかし、最終的勝利者が決まり、世の中が治まって余裕が出てくると、間に合うことになる。だから、秦《しん》の始皇帝《しこうてい》の天下統一のあと、もう一度統一をしなおして地盤を固めた漢帝国の、その前後四百年の政治の中で、前漢建国から六十年の武帝の時代に儒教が国教となった(さきほど触れたことである)のは、そういうタイミングであったのである。

もちろん、孔子の時代から前漢の武帝の時代までは、四百年もの時がたっている。その四百年のうちに、儒教もいろいろの改訂や工夫がほどこされたはずである。その改訂や工夫には、このあとで解説する諸子も関《かか》わったことであろうし、もっとあとになって、前漢建国後に編集の手が加わったものもあるはずである。しかし、今日に伝わる文献の全体にわたって、

「ここの一文字は、後世の改訂であり、その次の三文字は……」

などと、克明に弁別することは不可能である。したがって、私たちには、とりあえず今日に伝わっている文献を読んでゆくしか道がない。孔子の思想を見るべく、これから紹介してゆく『論語《ろんご》』にも、たとえば同じ言葉が別々の篇にかさねて出てきたり、混乱がある。そして、こうした混乱、あるいは錯誤が「諸子百家」の著述に多かれ少なかれ――人によっては、多かれ多かれだろうと言うかもしれない――存在する。

また、あちこちで意味のくいちがいや、矛盾《むじゅん》（この言葉は、「諸子百家」の一人韓非《かんぴ》子《し》のものである）していると感じられるものがある。そういう点にだけ着目して得意がったり、

「これだから古いものはだめだ。レベルが低い」

と評して喜ぶのは、やめておこう。たいていの場合、読む側の読み方のほうに問題があるからだ。あくまでも虚心に、彼ら第一級の知性の持ち主の思索に耳を傾けたいものである。批判するのは、そのあとでいい。

天の問題

『論語』は、孔子の言行を、弟子や孫弟子が編集したものと考えられている。同じような試みをしてみればわかるが、ある一人の先生について、学生・卒業生に文章（記念文集）を書かせてみたとする。

「厳しい人でした」

「優しい人でした」

など、相反《あいはん》するような人間像が出てくるはずである。肝心の教育内容についても、

「私は先生にこう教わった」

「いや、私が先生から聞いた話はそれと違う」

となるはずである。時がたてば、たつほどにこの傾向は強くなるだろう。『論語』にも、この現象があると思えばいい。孔子の言葉も、聞き手が違えば、受けとり方も違ってくる。孔子の側から、聞き手に合わせて、いろいろな指導がされるのも当然のことであろう。そして、それらのすべてが、「孔先生のいろいろな面を伝える言葉」として集成されていると考えればよいだろう。


子貢《しこう》が語る。「詩《し》だの、礼《れい》だの、音楽のことは先生に教わったけれども、人間の本性についてとか、天の本質については、私は教えていただいたことがない」（公冶長篇《こうやちょうへん》）

孔子は『論語』のあちこちで「天」に言及している。子貢もそういう問答の当事者である場合がある。

孔子「誰もわかってくれないなあ」
子貢「そんなことはないと思います」
孔子「運命を嘆くのはよそう。他人のせいにするのもやめよう。一生懸命、学問をして、うんとりっぱな人間になるのだ。そうすればきっと、運だって向いてくる」（憲問篇《けんもんへん》）

ここで「運命」「運」と訳したのは、「天」の文字である。前の子貢の言葉によれば、子貢は「天の本質を教わっていない」のだから、その線にそって訳語をえらんでみた（天の思想の(4)参照。また、天の規則正しい運行について、子貢は直接聞いている）。

さて、ここで孔子は、その当時の「今の世の中」に自分の主張が受け入れられないのをなげきはしたが、あくまでも努力を放棄せず、前向きに自分の向上をめざすべきであるとの、自分本来の道にたちかえった。前に「乱世」の中にも希望はあったと記したが、ここでの孔子は決して絶望していない。また、さきほど「間に合う」「間に合わぬ」の問題について述べたが、自分の主張が「間に合う」世の中がそのうちくるのではないかという希望も——かすかだったかもしれないが——あったようだ。これをただ普通に「希望」と受けとるか、「捨てきれぬ希望」と解釈するかで、孔子像は

少し変わってくるだろうし、逆に、解釈のしかたによっては、

「そうなるはずだがなあ」

という自信、すなわち「天」への信頼がある言葉だと見えなくもない。前の章の(5)のように、「天」は徳ある者に味方し、祝福をおくってくれる人格神であるのだから。しかし、そう解釈したとしても、ここでの孔子の発言は、ふてぶてしい自信に裏打ちされているのではなく、「そうなるはずだがなあ」のあとには、

「まだそうならないところを見ると、私の努力が足りないのであろう」

という謙虚な姿勢がつづくはずである。が、しかし、そのまたあとでは、

「自分はこういう人間として、この世に生をさずけられていると思うのだが」

と、さらなる屈折がある。「自分も、何事かを成すべく、『天命』を受けて生まれている」との自覚は、孔子にもあったからである。

天命の自覚

孔《こう》先生が言われた。「私は十五歳のとき、本気で学問をしようと思い、三十歳で『自分』というものが確立できた。四十歳になると、さらに自信が深まり、五十歳で、天が自分を生んでくれた本当の理由がわかったように思えた。六十歳にな

ると、人間としてこの世に生まれた以上、誰の言うことにも一理あると、耳を傾けられるようになり、七十歳を越えて、好き勝手に行動しても、天の原則からはみださずにすむようになったと思う」。（為政篇《いせいへん》）

訓読すれば、「五十にして天命を知る」とある。言うまでもなく、「五十歳でわかる前は（四十九歳までは）わからずにいた」わけではなく、人生の節目ごとに、いろいろな反省と自覚があったということである。しかし、これを実際に「五十歳でわかる前は（四十九歳までは）わからずにいた」と読みこなしてしまうパターンはあった。『論語』よりずっとあと、前漢に成立した『淮南子《えなんじ》』原道訓《げんどうくん》の蘧伯玉《きよはくぎよく》の逸話、（蘧伯玉は）五十歳になったとき、それまでの四十九年間の生き方がまちがっていたことを悟った人物であった。

である。さらに、孔子の「天命」の自覚のさまを『論語』の中にたずねてゆくと、次のような記述がある。

孔先生はこう言われた。「天が私に徳をさずけてくださったのだから、桓魋《かんたい》ごと

きが私に何をできようか」。（述而篇《じゅつじへん》）

『論語』には、これだけしか書かれていないので、「いったい何のことだ？」と思って当然である。孔子の伝記を記した司馬遷《しばせん》は、『史記《しき》』の中で、こう説明している（ついでに言っておけば、「諸子百家」の伝記の基本史料は、ほとんどすべて『史記』である）。

孔子は曹《そう》の国を去って、宋《そう》の国に行き、弟子たちとともに、ある大樹のもとで、礼《れい》の講習を行なっていた。すると、宋の国の軍最高司令官の桓魋が、孔子を殺そうと、その人樹を根こそぎ抜いて倒そうとした。孔子は身を避けた。その避け方が全速力ではない様子だったので、弟子の一人が、「急いでください」と声をかけた。（孔子世家《こうしせいか》）

そのとき、孔子は、さきほどの言葉を発したというのである。この説明で、読者各位は、

「なるほど、そうだったのか」

と納得されるであろうか。あまりに妙な話である。軍の最高司令官である桓魋は、当然、軍を従えてその場に来たはずである。一人の人間の力で大樹を根こそぎ抜くこ

とはできまい。その軍は武器の類《たぐい》を一切持っていなかったのだろうか。武器を持っていたのなら、おおぜいで襲いかかり、その武器で殺せばすんだはずではないか。それとも、

「大木が倒れて下敷きとなり、孔子は死んだ。奴《やつ》は天罰を受けて死んだのだ」

という「演出」を、桓魋はねらったのであろうか。かりにそうであるとすると、大樹のもとで礼の講習をしながら、孔子たちは、近づいてくる桓魋らに気づきもせず、大樹がひっこ抜かれるまでのユサユサと動いているあいだは注意もせず、いざ「倒れてくるぞ」となってから、「急いでください」と騒いだことになる。そこで、無理なく成立する「読み方」を考えてみることになる。そういう「読み方」は一つ存在する。桓魋は、実際に大樹を抜いて倒したのではなく、軍隊をつかって大樹に強烈なゆさぶりをかけ、「このままでは本当に木が倒れそうだ。危ない」と思わせるような恐怖感を孔子たちに与えた——と読むのである。

そうすると、桓魋の殺意は、本気の殺意ではなく、要するに憎悪であり、「大木ゆらし」は、嫌がらせであったことになる。礼の講習を中止させんがための。

しかし、『論語』の簡潔な記事には、時も場所も、礼の講習を行なっていたことも、見えない。桓魋がどこの国の人間で、何をやっている人物なのかも、全く書かれていない。したがって、『史記』の孔子の伝記は、『論語』を中心とした文献に対する司

馬遷の解釈が示されているにすぎない」面を濃厚に持っている。そして、ほかの「諸子百家」の伝記についても、同様の面があるということである。

話をもどして、さきほどの『論語』の一節を『史記』と切りはなして読むと、前の章の(5)の「天は徳ある者に味方する」はずであるとの確信が、孔子の自信となっていることが知られる。と同時に、「自分は、この天からさずかった徳を、人間社会にひろめるという運命を与えられている」という「運命論」が感じられる。

現代に喩《たと》えをもってくると、たとえば、飛行機に乗るのを少しこわがりながらも、「どうせ、運命で安全無事かどうかは決まっているのだ。今、自分が命を落とすことはたぶんない。私は成すべき仕事（それも天みずからが私に与えたはずのもの）を、懸命につとめているのだから」

と言いきかせているようなものである。ところが、司馬遷の『史記』の記事を、とにかく無理のない「読み方」で解釈すると、ニュアンスは違ってくる。孔子は必要以上に動揺する弟子に対し、

「大丈夫だ。あれほどの大樹は人の力で倒れはしない。あれは桓魋の嫌がらせだ。とりあえずこの場は去らねばならないが、天は私に徳を与えてくださったのだ。桓魋ごときが嫌がらせを行なったとしても、天の命令には、いささかの動揺もな

いはずだ。我々の考え方は、いずれ、人々に大きく支持されるはずである。桓魋ごときの嫌がらせで、人々の心が変えられることはない」

と語ったことになろう。

似たような話が、『論語』の中に、もうひとつある。

孔先生は匡《きょう》の地で、危ない目に遭《あ》われた。そのとき、先生はこう言われた。「周《しゅう》の文王《ぶんのう》はすでにこの世におられないが（前一一〇〇ごろ没）、その徳は、今日、我々が現在の社会において実現しようと努力しているではないか。もし、天が周の文王に見られた聖徳《せいとく》を亡ぼしてしまおうとお考えならば、我々の時代まで、久しく世の中が乱れていたのだから、とっくに亡びていてもおかしくない。しかし、それが亡びずに伝えられ、我々がこうして実現をめざして行動しうるのだから、天は、我々の信ずる道を亡ぼすおつもりはないはずだ。匡の住民の手で、私がどうにかされてしまうということはない」。（子罕篇《しかんへん》）

これも、どういう理由で匡の住民との間にトラブルが生じたのか、記事がない。『史記』は、以前にこの匡の地で暴れた陽虎《ようこ》という人物と孔子の風貌《ふうぼう》が似ていたために起こったと記している（孔子世家）。ここにも、さきほどの飛行機に乗る前の「運命論」に似た、天と自分と運命とのあいだを交錯反覆し、そして最終的に、自分に納得をうながすような思考経路がある。

ところで、この陽虎は、魯《ろ》の国の大夫《たいふ》（大臣）陽貨《ようか》と同一人物とする考え方がある。別人だとする考え方もある。孔子も魯の国の人であるから、「陽貨」とは面識があったのは確かである。『論語』に文字通り「陽貨篇」という巻がある。

『論語』の各篇は、各篇の冒頭の条から語を取って篇の名とされているので、「陽貨篇」といっても、全篇の主人公が陽貨（考え方によっては陽虎）ではない。ここから目を転じて、次の節では、陽貨篇を見てみることにしよう。

ところでさきほど子罕篇《しかんへん》での、天命の自覚の様子を見たとき、さかんに「周の文王の徳」と出てきたが、原文では「文《ぶん》」の一字で、具体的に何をさしてそう言っているのか、直接の記事はない。この「文」を、ある注釈書は「文明」と訳し、別のある注釈は「道」と解釈し、また別の注釈は「文化遺産」と置きかえている。それらはいずれも、「具体的にどういうもの——あるいは事《こと》——を指しているのか？」について、答えを与えてくれない。

私は、「徳」の字にしたわけだが、「徳」と言ってみたとて、何ら具体的になるわけでもない。その点は種々の注釈書と同様であるが、周の文王は、殷《いん》の末期に活躍をし、理想的な政治家と考えられていた（現代に生きる我々が、今日に伝わる文献から考えると、特に孔子によって、という条件がつきそうだが）人物である。そして、その「理想」が、周の武王《ぶおう》（文王の子）によって開かれたことで、現実のものとなった（実現した）はずだが、理想というものは、純粋に「理想そのもの」であったときのほうが、矛盾も衝突もないのが常であろう。周王朝は開かれたものの、「封建制」によって各地に権力を分散したがために、結局、各地に数多くの「独立国家」をつくってしまう結果となり、支配力は衰え、それら「独立国家」は、形式的に周王朝を頭《かしら》にいただきつつ、実態は富国強兵にはげむ日々であった。そして、この「建前」と「本音」の姿を見つめることになっているのが、孔子の人生であった、と前に述べた。そんな孔子は、周の文王の徳を理想としていた。

　天下の三分の二を有《ゆう》しながら、殷王朝に臣下として仕えていた。周の文王は、最高の徳の持ち主であった。（泰伯篇《たいはくへん》）

「最高の徳」は、『論語』の原文では「至徳《しとく》」の二文字である。そこで、私はさきほどの子罕《しかん》篇の「文」を、「徳」と置いてみたのである。この泰伯篇の「至徳」と関連させたとき、孔子が、自分を周の文王の位置に置き、

「自分は、周の文王のときには存在した理想の政治を、この現実世界にやがて実現したいと思っている。世の中に圧倒的な支持をまきおこし、もう一度、周王朝を新たに開きなおすようにしてみたい。それも現実の周王朝とは違う、真に理想的な周王朝を。そして、これこそが私に与えられた天命なのだ」

と、奮い立つ姿が浮かびあがる。しかし、今のような路線を現実にしてしまうと、孔子の当時、形式的にではあるが存続している周王朝を倒して、新しい国をつくりなおさねばならなくなる理屈である。これは、建前の上からもできない話であろう。今見たように、孔子が理想とする周の文王は、「天下の三分の二を自分の勢力としながら、あくまでも殷に臣下として仕えた」のだから。文王が革命を起こして殷を倒したのではなく、革命を起こしたのは、子の武王のほうである。

そこで、孔子の目は、周王朝初期のある人物に向けられることになる。周の文王の子で、武王の弟にあたる周公旦《しゅうこうたん》である。

孔先生が言われた。「何とも衰えはててしまったよ。ずいぶん長く、周公の夢さえ見ない」。（述而篇）

周公旦は、殷を倒して周を建国した武王が死去すると、まだ幼い成王《せいおう》（武王の子）

を、臣下として補佐し、政治の実務にあたった。文献には、周公旦がみずから王となったと記すものも種々あるが、そうだとしても、周公旦は成王が成長して政治を執れるようになると、自分は身を引き、成王に政治をまかせた。

また、周公旦には、別の麗《うるわ》しい話も伝わっている。武王（つまり周公旦の兄）が、建国してから病気になった。周公旦は、兄が病気で死んでしまったりしたら、国の動揺は避けられない、と心配し、みずから代わりに死なんと天に祈った（『史記』周本《しゅうほん》紀《ぎ》。『書経《しょきょう》』金縢篇《きんとうへん》）。この祈りの効果か、武王は回復したが、その後死去し、武王の子のまだ幼い成王が即位して、それを周公旦が補佐した——という順序であった。

つまり、周公旦のようになれたら、と孔子は望んでいたのだろう。王に代わって政治の実務にあたる（これを摂政《せっせい》という。日本語ではセッショウと読むならい）。しかし、国を我がもののようにしたり、ましてや国を奪ったりするのではない。王が、りっぱな人格を身に付け、これで大丈夫となったら自分は身を引く。たしかに、麗しい生き方であろうし、自分が周公旦の立場に立って、王を導いて周の文王のようになってもらえたら、それは理想であろう。

だが、そうするためには、王に近づき、王に信任され、自分の言うことをまちがいなく受け入れ、実行してもらわねばならない。順序としては、何よりも先に、孔子の時代の「現実」において、王に近づき、王に意見を述べられる地位につかねばならない。

そこで、孔子は、彼の理想の実現――周公旦のような立場に立って、周の文王のときの「理想」が実現された国を創造する――のために、現実の政治の中で、政治家になるよう、努力しなくてはならなかった。そして、当然、政治そのものに対しても、強い関心をいだいていたのである。

政治への関心と発言

ここで、『論語』の陽貨《ようか》篇《へん》を見てみよう。

陽貨が孔子に面会を求めてきた。孔先生は会おうとされなかった。すると、陽貨は豚《ぶた》を贈って[*2]よこした。当然、陽貨のところへ礼に行かねばならなかったのだが、孔先生は、わざと陽貨が外出している時間に陽貨の家へ行き、礼を述べようとされた。ところが、その途中で陽貨とばったり出くわしてしまった。陽貨は、事情を察し、

「とにかく拙宅までお越しいただきたい。あなたに話があるのです」と言い、自宅まで孔先生と同道し、部屋に落ちつくと、こう言った。

「宝物のような徳を持ちながら、指導的な立場に立たず、国を乱れ迷わしたまま

にしておくのは、先生がよく言われるという『仁《じん》』なのですかな」

「違います。そのような行ないは『仁』ではありません」

「では、指導的な立場に立って、政治の場から国を良くしていきたいと強く思っていながら、何度も何度もチャンスを逃す。これは真の知識人の行為として正しいでしょうか」

「正しくありません」

「何もしないでいても、月日はアッという間に過ぎてしまいます。いつまでも若いつもりでいても、年齢は人間の言うことをきいてはくれませんよ」

「そうですね。私も名君に仕えたいとは思っているのですが」


陽貨は魯《ろ》の臣下の立場でありながら、一時は政治の実権を握ったこともある人物で、クーデター*3に失敗し、国外に魯の宝物の玉と弓を持って逃亡した。孔子との会話は謎《なぞ》かけのような含みを持つもので、つまりは自分の仲間になって、政治を動かさないかと誘ったのである。孔子はやんわりと断っている。陽貨のような問題のある人物に仕えるのは、ごめんだというわけである。いくら、政治家にならねば、自分の理想の実現がないとしても、悪人に魂を売る気はない。強く言ってしまえば、そういうことであろう。

「無法の上に成り立つ理想」などは、はじめから考えたくないのだ。ここで、誰《だれ》も行なわない小説的な解釈を提示してみよう。『史記』によれば、陽虎と孔子はよく似ていた。もし、陽虎と陽貨が同一人物だとすると、陽貨は、孔子を自分の影武者に仕立てようとねらっていたのかもしれない。

しかし、それはさておき、この時代、「全く手を汚さぬ政治」がありえただろうか。「現実」を見ると、いつも「理想」への情熱は冷やされる。悪い人間に仕えるわけにはゆかず、さりとて政治家にならねば、結局自分の「理想」の実現はありえない。こんな一節もある。

子貢「ここに美しい玉《ぎょく》があるといたしまして、箱にしまいこんで秘蔵すべきでしょうか。正しい評価があれば売るべきでしょうか」

孔子「それは売るべきだ、売るべきだ。この私だって正当な評価を待っているのだ」

（子罕篇）

ここで孔子は、「高い値段で買ってくれる人がいたら、自分だって買ってほしいよ」と、金銭を基準として、自分がある人間に仕えるかどうかを判断しようと言っているのではない。正しい評価のできる人に、正しい評価をしてもらうのこそが基準であるはずである。美しい玉も、独り占めにして秘蔵されていては、多くの人がその美に触れることがなくなってしまう。その結果、たいしたこともないものが、美としてまかり通ってしまうことが起きうる。

ニセモノが堂々と、ホンモノのような顔をしてしまう。こういう意味からも、真に美しいものは、秘蔵されてはなるまい、と孔子は答えているのだろう。が、いずれにしても、孔子は政治家たらんと希望しつづけた。

そして、孔子は、さきほどの陽貨がクーデターに失敗して国外に逃亡したあと、魯の定公《ていこう》に採用され、まず中都《ちゅうと》なる地の長官となり（このとき孔子は五十二歳）、それから魯の国の土木工事をつかさどる司空《しくう》に、それから大司寇《だいしこう》（司法長官）へ、さらに宰相補佐へと昇進した。

おそらく、陽貨の誘いを断った人物として、はじめは小さな役が与えられ、そこで「できる人物だ」と評価されて昇進したという筋道なのであろう。やがて、魯の隣国斉《せい》が、警戒しはじめた。

「このまま孔子に政治をやらせておいたら、魯は強くなる一方で、我々に対し、戦争をしかけてくるのではないか」

と、美女八十人を魯に贈った。魯の宰相である季桓子《きかんし》*4は、魯の定公には、城外の見回りに行くと言って、お忍びで美女たちを見に行き、すっかり政務を忘れてしまった。

家)。

孔子は、これが諸外国に知れては、主君定公が季桓子をコントロールできぬ愚君であるとの評判がたってしまうので、すべては、宰相補佐である自分が、宰相の行動を止められなかったためであるとして辞職し、魯の国を去ることにした(『史記』孔子世家)。

司馬遷の筆には、孔子を美化する傾向があり、「孔子伝」ではなく「孔子世家」としている。「世家」とは、王や諸侯の、しかもその代々の人々の総合的伝記である。孔子が王や諸侯になったことはないので、このあつかい自体、孔子への賛美になっている――とは、古来の常識である。はたして、実際の「政治家孔子」が、どこまですばらしい治績をあげえたかは、よくわからない。とにかく、「現実」の前に「理想」が破れさる瞬間を迎えたことは確かで、五年間ほどの孔子の政治家生活は終わり、このあと十三年間、諸国を放浪することになる。その期間のひとこまをご紹介しよう。

衛《えい》の国の霊公《れいこう》*5は、戦場での布陣のしかたを孔先生にたずねた。先生は、

「私は、祭祀《さいし》や儀礼の際の器物の置き方や取りあつかいについては、昔、勉強いたしましたが、軍隊の動かし方につきましては、まだ学習したことがございません」

とお答えになり、翌日、衛の国を去った。そして、皮肉なことだが、戦陣の

「陣」と同じ音の陳《ちん》の国まできて、食糧が尽きてしまった。孔子に従っていた者たちは、全員疲れはてて、ぐったりとしてしまった。最年長の弟子の子路《しろ》*6は、イライラして、

「先生のような、りっぱな君子でも、困窮することがあると考えてよろしいのですか」

と声をあげた。孔先生は、

「りっぱな人間は数が少ないから、なかなか理解されない。困窮してしまうのが当たり前かもしれないな。だが、小人物《しょうじんぶつ》とはちがって、困窮しても、見苦しい行ないはしないぞ」

と言われた。　　（『論語』衛霊公篇《えいれいこうへん》）

おそらく誰かが食糧の調達に走っていて、まだ食糧がいつ届くかわからないうちに生じた会話なのだろう。孔子は子路をやんわりとたしなめている。こうした苦難の放浪をつづけている最中に、前の匡《きょう》の地での事件が起きたのであった。前では、孔子の「天命」の自覚を見たのだが、このとき、次のようなことも同時に起きていた。

孔先生が匡の地で、危ない目に遭われたとき、弟子の顔淵《がんえん》*7がおくれて、一人だけ

合流しなかった。ようやく顔淵が到着したとき、先生は、

「私はお前が死んでしまったのではないかと、ずいぶん心配したぞ」

と言われた。顔淵は、

「先生が生きていらっしゃるのに、私だけ死んだりいたしません」

と言った。　（先進篇《せんしんへん》）

しかし、顔淵（本名は回《かい》。字《あざな》が子淵《しえん》）は、孔子よりも先に、早死にをしてしまった人物である。「この時点では、こんなことを言っていたのだなあ」と、悲しく響く。弟子たちとの会話を通じて浮かびあがる孔子像については、もう少しあとで、まとめてご紹介することにしよう。

『史記』の描く孔子を追うと、この匡の地での事件のあとに、先ほど触れた桓魋《かんたい》の事件が起き、葉《しょう》（地名のときはショウと読む）の地では次のような問答・会話をしている。


葉公《しょうこう》＊8が政治について質問した。孔先生は、

「身近な自国民が喜ぶような政治をすれば、遠方の者も身を寄せてまいりましょう」

とお答えになった。（子路篇《しろへん》）

葉公は孔先生に、

「私の支配する地域に、『正直者の躬《きゅう》』と呼ばれる者がいる。そやつの父親が羊を盗んだとき、躬は証人として父親を告発したのだ」

と語った。孔先生は、

「私の故郷の隣組での『正直』はちょっと変わっておりまして、父は子のために悪事を隠し、子は父のために悪事を隠します。そうした人間本来の気持ちにすなおであることのほうを、『正直』と呼んでいるのです」

と言われた。（子路篇）

前者の答え方からすると、孔子は葉公と自分とのあいだにあまり接点が見いだせないので、一般論的な答弁をしただけのように見える。

こうした一般論として有名なのが次の一節である。


民衆は全体として、こちらの考えで動かすことはできる。しかし民衆を個《こ》としてとらえ、一人一人を説得し、納得させて動かすことは不可能である。（泰伯篇《たいはくへん》）

また、後者においては、「嘘《うそ》でかためたほうがよい」とか、「悪事をしても隠せばいい」とか言っているのではなく、葉公の感覚に反発していると見える。この様子では、父と子が訴えあって、互いに告発しあうことをさえ善《よ》しとする風が葉公にはありそうなので、

「そんなふうに殺伐《さつばつ》とした雰囲気で治めるのではなく、多少ゆるやかに見えるようでも、人々が円満な暮らしを営めるほうがいいのではありませんか」

と言っているのであろう。そして、ここで孔子が、「法律万能主義」には反対であるらしいことを見落とさぬようにしたい。「法律」による刑罰を恐れ、それゆえに悪事が抑えられたとしても、それは必ずしも、人々の「人格（人間性）の向上」を意味しない——孔子はどうやらそう考えているらしい。

隠者に会う

葉公とは、めざすところが違うので、またも葉《しょう》の地を去り、蔡《さい》の地に移動した。

長沮《ちょうそ》と桀溺《けつでき》の二人が並んで土地を耕していた。孔子は近くを通りかかり、子路に命じて、「渡し場はどこか」とたずねさせた。すると長沮は、

「あそこで車をひく馬のくつわをおさえているのは誰《だれ》かね」

と問いかえした。

「姓は孔《こう》、名は丘《きゅう》とおっしゃいます」

「じゃあ、魯《ろ》の国の孔丘さんか」

「さようです」

「だったら、あの孔丘さんに聞けばいいだろう。天下をあちこち旅してまわっているから、渡し場ぐらいご存じだろうよ」

そこで子路は桀溺のほうにたずねた。

「あんたは誰だね。人にものを聞くんなら、先に名のったらどうだ」

「仲由《ちゅうゆう》（子路の本名）と申します」

「魯の孔丘さんの弟子かね」

「さようです」

「渡し場という言葉で思い出したが、今や天下は激流に呑《の》みこまれたような状態で、どこへ行っても同じだよ。世の中を変えようったって、誰の手で変えられるかね。それに、お前さんに申しあげるが、孔丘さんのように、いちいち、あいつには従いたくない、あいつは悪人だと、えりごのみばかりして逃げまわっているような人に従っているより、いっそ世の中全体から逃げてしまう人間に仲間入りしたほうが、楽だよ」

桀溺はこう言いながらも、農耕の手を休めなかった。子路はもどって、孔子にありのままを話した。すると孔先生は少し表情を硬くして、こう言われた。

「人間の世の中を捨てるといっても、鳥や獣の群れに仲間入りするわけにはゆくまい。私は人間とともに、人間の世の中を良いほうに変える以外に方法を持っていない。もし天下に正しい道が行なわれているのであれば、私だって変えようとはしない」（微子篇《びしへん》）

いつの世にも、あきらめずに努力しつづける人と、途中でやめてしまう人がいるものであろう。さっさと見切りをつけて、あいかわらず物事にしがみついている人に、冷笑を浴びせる人も多いようだ。孔子は、この場合、そういう人を非難するのではなく、

「でも自分はこうなんだから、しかたないではないか」

と語った。長沮・桀溺のような隠者が、そういう生き方を正しいとして生きてゆくなら、自分だって自分の生き方を正しいと思って生きてゆく権利があろう。条件は五分五分であろう。

孔子は、このような放浪をへて、六十九歳になって再び魯の国にもどり、礼楽の顧

問となった。長沮・桀溺らに会った時点で、どうやら孔子は六十四歳。前に、「六十歳になると、人間としてこの世に生まれた以上、誰の言うことにも一理あると、耳を傾けられるようになり……」という孔子自身の言葉があったが、さすがにそうは言っても、表情が硬くなるのは避けられなかったようだ。

魯にもどった孔子は、晩年を比較的平穏に、弟子たちの成長した様子を見ながら、静かに暮らせるかに思われた。しかし、いくつもの不幸な出来事にみまわれ、決して安らかな日々ではなかった。次に、弟子たちとの問答を通し、孔子像を見てゆくことにしよう。ただし、『論語』の中にちりばめられた弟子たちとの問答は、いつごろ行なわれたものなのか、よくわからない。孔子の晩年かもしれないし、中年のときであったかもしれない。

弟子たち、そして彼らとの日々

『史記』の仲尼弟子列伝《ちゅうじていしれつでん》によると、孔子の弟子のなかで一人前のレベルに達した人物は七十七人[*9]いたとある。しかし、そう言っておきながら、『史記』の著者司馬遷は七十七人の伝記を書いてはおらず、姓名と字《あざな》のみを記すだけであったりする。まず孔子自身の言葉を見てみよう。

孔先生はこう言われた。

「陳《ちん》から蔡《さい》へと移動していたとき、非常な苦難を受けた。そのとき、私に従っていた者たちは、今、誰もここにいない。徳の実行にすぐれていたのは顔淵《がんえん》（顔回）、閔子騫《びんしけん》、冉伯牛《ぜんはくぎゅう》、仲弓《ちゅうきゅう》であった。弁舌にすぐれていたのは宰我《さいが》、子貢《しこう》。政事《まつりごと》には冉有《ぜんゆう》、季路《きろ》（子路）。学問には子游《しゆう》、子夏《しか》がいた」

（『論語』先進篇）

高柴《こうさい》は鈍《にぶ》いところがある。曾参《そうしん》は動きが遅い。子張《しちょう》は物事をソツなくこなすが、誠実さに欠ける面がある。子路はがさつだ。——と、ここまで言ってひと呼吸おき、孔先生はあらためて言葉をつづけられた。

「やはり顔回が理想に近いな。しょっちゅう金に困っているけれども、志を変えずにがんばっている。それと正反対なのが子貢だな。『今は貧乏だが、これは天が自分に試練を与えているのだ』などとは受けとめずに、どんどん金をかせいでしまう。次に何が売れるか予想すると、これがまた、よく当たるのだ」（先進篇）

後者の例で、孔子は顔回と子貢とを対比し、顔回のほうを高く評価し、子貢のほうは劣るものと評価していると読まれる場合が多い。『論語』には、次のような言葉があるからだ。

孔先生は言われた。

「君子は義《ぎ》によって物事を判断し、小人《しょうじん》は利《り》によって判断する」（里仁篇《りじんへん》）

孔先生は、利《り》と命《めい》と仁《じん》、この三つは、めったに話されなかった。（子罕篇）

しかし、孔子は人間生活の中の経済行為を否定してはいない。そんなことをしたら、すぐに餓死してしまうだろうし、子貢のかせぎによって、一門の学問がつづけられる面もあったはずである。だから、弁舌の雄としての子貢をなつかしく思い出したりしているのだ。いくぶん、

「あいつの物売《セールス》りの口上《こうじょう》のたくみさといったら……」

という苦笑まじりであったにしても。だからつまり、前者の例も「一人前に達した者たちのすぐれた個性」を思い出しているもので、「顔回（顔淵）」が徳の実行にのみすぐれ、弁舌はまるでダメ、政事にも能力なしであった」ではないのと同様、子貢も弁舌以外はまるでダメであったのではない。

『易経《えききょう》』に、次のような言葉が見える。

天地の間で最も大切なことは、「生きてゆける」ということである。聖人の最も大切な宝は、人々を導くその地位である。ではその聖人の地位は、何によって保証されるのであるか。人々の支持によってである。ではどうやって人々の支持を集めるのか。財貨によるのである。人々が豊かな財産を持てるようにし、本当に正しい言葉をききいれるように導き、非道な行ないをしないよう持ってゆく、これを義と言うのだ。

（繫辞《さいじ》伝《でん》・下）

この一節は孔子よりもあとで、その一門の者によって書かれたのだろうと考えられているが、ここで「義」と「利」とは、背中あわせにぴたりとくっついているような関係にあって、決して、「利」だけが排除されることはない。「みんなが豊かに暮らせたらいいよね」と、おおらかなものがあったのだろう。つまり、「利」とか「財」とか言っても、「きれいにかせいで、きれいに使う」のであれば問題はないわけである。

『論語』にもこうある。

孔先生は言われた。

「富《とみ》と高貴な身分とは、人間誰しもほしがるものだが、正当な道をすすんでそれらを得たのでなければ、そんなものは持ってはならない。逆に貧窮《ひんきゅう》と賤《いや》しい身分とは、人間誰しもいやがるものだが、正当な道をすすまなかったために、そうなったのだとしたら、逃げてはならない」（里仁篇）

だから、子貢は決して、孔子からさげすまれたり、憎悪されたりする存在ではなかったはずである。しかし、孔子が愛してやまなかったのは、顔回《がんかい》（顔淵《がんえん》）の生き方であった。

顔回という人

『史記』によれば、顔回は孔子より三十歳若かった。『論語』公冶長篇に、こうある。

孔先生が子貢に、

「お前と顔回とは、どっちが上だと思うか」

とおたずねになった。

「私と彼とを比べること自体、無意味なことです。彼は一を聞けば十を知る能力があります。私は、一を聞いて二を知る程度——一つ教わると、『ああ、するとあれはこういうことか』と、もう一つのことと関連づけられる——がせいぜいですから」

「それはそうだ。彼にはかなわんな。お前ばかりじゃない。私もかなわんよ」

しかし、顔回はその才智をキラキラと輝かし、周囲の注目を集めるタイプの人間ではなかった。

孔先生が言われた。

「私は顔回と一日中話をしたことがある。彼はただ、ぼうっと私の言うことをきいているだけなので、頭が悪いのかと思った。ところが、私の前からさがっていったあとの彼の実生活を見ると、人々を啓発するのに十分なセンスを身に付けてしまっている。彼は頭が悪いどころか、大変な人物である」（為政篇）

その顔回が、孔子よりも先に世を去った。

顔淵（顔回）が死んだ。孔先生は、

「ああ、天が私を滅ぼすのだ。天が私を滅ぼすのだ」

となげかれた。（先進篇）

顔淵が死んだ。孔先生は礼法に従い、哭礼《こくれい》をささげられたが、礼法の規定以上に、はげしく泣かれた。従う門人たちの中で、ある者が、

「先生は規定を無視された」

と、言った。孔先生は、

「私が礼の規定を無視したというのか。彼のために心から泣かずして、誰のために泣けというのだ」

と言われた。　（先進篇）

魯《ろ》の哀公《あいこう》が、

「先生のお弟子で、学問好きといったら、誰でしょうか」

と問うた。孔先生は、

「顔回という者がおりまして、学問を愛好し、他人に八ツ当たりすることもなく、過ちを二度とくりかえしませんでした。不幸にして短命で世を去りましたので、今はもうおりません。学問を好む者は見あたりません」

と答えられた。　（雍也篇《ようやへん》）

孔子は顔回に期待すること多大であり、自分のあと、自分の理想の実現を顔回に託する気持ちがあったのだろうが、顔回のほうが先に世を去ってしまった。『論語』の先進篇には、顔回の父顔路《がんろ》が、孔子に対し、

「先生の車を椁《かく》（外棺《そとかん》）につくりかえて、そこに息子を葬ってやるわけにはいきませんか」

と願ったことが記されている。この部分を、「先生の車を売りはらって金《かね》に換え、椁を買ってください」と注釈書が口をそろえて解釈しているけれども、そうではあるまい。原文には「売りはらう」を意味する文字はない。だいいち、金がいるのだったら、子貢がすすんで出したはずではないか。先進篇の別の条には、

顔淵が死んだ。門人たちは手厚く葬ろうとした。孔先生は、

「いかん」

と言われたが、結局、門人たちは手厚く葬った。孔先生は、

「顔回は私を実の父のように慕ってくれた。しかし、私は、貧窮の中で志を貫いた顔回を、その生き方にふさわしいかたちで、葬ってやる父のようには、なれなくなった。私が、よせと言ったのに手厚く葬ったお前たちのせいだぞ」

と言われた（もちろん、孔子は怒っているのではなく、「しょうがないなあ」と思

いつつ、門人たちの気持ちを、くみとっているのであろう)。

とある。金が足りなかったのではない。顔路が願ったのは、「どうか、息子が早死にするほどに慕いつづけた先生のお乗り物を椁(外棺)に改造して、その中で眠らしてやってください」という、精神的な問題である。これに対し、孔子は、「自分の息子の鯉《り》が死んだ時も、椁(外棺)は用いなかったから」として、応じなかった。

顔回は、まことに努力の人で、才能もあった。しかし早死にをしてしまい、孔子の学問を後継することも、その「人間の誠実さがすべてをおおう世の中をつくる」という理想を実現することもなかった。前で、孔子が、陳から蔡へ移動していたときの苦難を思い出した述懐に、その際自分に従っていた門人たちは、「今、誰もここにいない」とあった。

子貢のように、経済的に成功をおさめ、外交官としてその弁舌を役立て、孔子の門から巣立った者もあったが、世を去ったために、「ここにいない」者たちも——顔回を含めて——いたのであった。

その顔回は、孔子のことを、こんなふうに見ていた。

顔淵が深々と溜《た》め息をついて言った。

「孔先生は、仰ぎ見れば見るほど高くそびえ、ぶつかってゆけば、刃物でも傷がつかないほどの堅さではねかえされ、自分の目のとどく範囲を超えて、前かと思えば、うしろにいらっしゃるようだ。それでいて先生は、順序よく、ていねいに一歩ずつ人を導き、私の世界を学問によって拡《ひろ》げてくださる一方で、礼という規範で私を制御《コントロール》され、私は勉強を途中で投げだそうとしても投げだせなかった。

そして、いつの間にか、私は自分の全能力が最大限に引出されていたことに気づいた。ところが、そうなってから、あらためて先生のお姿を見ると、さらに高くそびえ立っていらっしゃるのだ。先生の域まで達しよう、追いつこうと思っても、どうすればいいのか、途方《とほう》にくれてしまう」

（子罕篇）


こういうタイプの考え方を持つ人に対して、「暗い」という一片の言葉でかたづけようとする人々もいるであろう。そうしておきながら、顔回のようなタイプの人が、何事かを成しとげると、ちゃっかりとその恩恵に浴してしまうことに、彼らはいささかのためらいも持たない。いつの世もこうしたものかもしれない。

顔回のような人が、早死にしないで、才能を開花するためには、やはり孔子のような人物が、大きく包みこむように見守る必要があるのだろう。そうであっても、時代の流れの中で、顔回は早死にしてしまった。だから、孔子は「不幸にして」と言ったのだ。顔回のような人にこそ、本来、天の祝福があってしかるべきではないのか。ひょっとすると、このとき、孔子は少し「天」を疑ったかもしれない。

弟子たちとの交流を意識しながらも、顔回を中心に解説が流れたのは、顔回こそが孔子の道であり、孔子の理想出現の最有力候補者であったことによる。ほかの有力な弟子たちについては（子貢については、その風貌《ふうぼう》もいくらかは御理解いただけたと思う）、終章で、触れることにしたい。

孔子の死とその思想の意義

以前に孔子は、子路《しろ》（仲由《ちゅうゆう》）について、「あまりに剛直だから、天寿をまっとうできないかもしれない」と評したことがあった（『論語』先進篇）。その予感が的中し、子路は孔子の死の前年（前四八〇）、衛《えい》の国の争乱にまきこまれて殺害された。顔回の死はその二年前（前四八二）とされている。晩年の孔子は、つぎつぎに悲しみにおそわれることになった。これらの不幸が、孔子の晩年の思想に何らかの影響を持ったのか、それはわからない。

さきほどちょっと触れたように、顔回の死によって、「天」「天命」に対する考え方が変化したかもしれないが、そうした思想の変遷については、信ずべき記録がない。

『論語』の中にある、「晩年のもの」と思われる言葉も、いずれも回想が中心で、「だから人間はこう生きるべきなのだ」とは語られていない。孔子は晩年には、口をつぐんでしまったのだろうか。

そして魯の哀公の十六年（前四七九）、孔子は世を去った。弟子たちは三年間の喪に服し、子貢だけはさらに三年、合計六年間服喪《ふくも》したと、『史記』孔子世家は伝えている。

孔子は、人間があくまでも人間らしく、かつ人間として努力を積み重ねることで、周の文王や周公旦《たん》の時代のような、理想的な社会をつくりあげることをめざした思想家であった。そのためには、人間への信頼がなくてはならないし、その人間に「天命」を与える「天（あるいは神）」への信頼も不可欠であった。孔子は、素朴な「天（神）」への信仰から、もう少しすすんだ段階に位置して、人間の努力によって、「天運」もひらけてゆくことを信じていた。善いことをしていくのであれば、「天」の祝福もあろうし、また、「天」が祝福するはずのことを、成しとげようとする人間は「天」が護《まも》ってくれるはずだと考えた。

もちろん、精神的な説得だけで、世の中を動かせると思っていたわけではないが、「利」について語ることはめったになく、顔回の葬儀にも（もちろん自分の子の鯉の場合も）、度を越えた厚葬《こうそう》をせぬようにと言っていた。

また、子貢に見られたような、「きれいにかせいで、きれいに使う」式の「利」は許容したけれども、人間として、あるべき道を踏みはずして欲望のとりことなることは認めなかったことからも、非常に自己抑制のきいた、やや禁欲的な面を持つ教えであったと言えよう。「利益で人を釣る」ことはなかったわけである。

孔先生は言われた。

「君子《くんし》というものは、自分の歩むべき道については考えるが、良い食事にありつこうとは考えない。食べるものを得ようとして農耕をしても、飢えてしまうことがあるように、本当の意味の勉強をしていれば、給料が向こうからくることだって、あるものだ。君子は自分の歩むべき道が実現しないことを憂えても、貧乏の心配はしない」（衛霊公篇）

とも見えている。

ところで、こうした孔子の路線の上に、「諸子百家」の思想がある。保守的に孔子の路線をすすむ者も、反対の立場をとる者も、孔子の路線を考慮にいれた上で、継承し、拡充し、発展させ、あるいは批判した。読者各位は、このあとの各章を読みすすまれるにつれ、本章までの記事が、いくども胸中によみがえってくるのをお感じになるはずである。

西洋古代哲学との違い

ここで、ついでに西洋の哲学との相違点を確認しておこう。ギリシャ哲学の始祖とされるタレス（前六二四？—前五四六？）は、万物は水から生じた、と考えた。中国と違い、「天」からではない。その弟子アナクシマンドロス（前六一〇？—前五四七？）は、それでは、冷たく湿った水と違って乾いて熱いものがどこから出てくるか説明できないので、「何かわからないが、冷たいと熱いの中間、乾いたのと湿ったのの中間のもの」から万物が生まれたと考えた。

アナクシメネス（前五八五？—前五二八？）は、そういう「中間のもの」は大気の中にある、とした。だいぶ「天」から生まれたというのに近い。ヘラクレイトス（前五四〇？—前四七〇？）は、火が万物の根本で、しかも万物は流転するとした。人間が「火」からできているとは、ちょっとイメージがわかないが、この「火」を「エネルギー」と置きかえると、急に親近感が増すような気がしてくる。

彼ら「イオニア学派[*10]」と呼ばれる人たちの思索は、「人間はいかに生きてゆくべきか」というより、「何からできているのか」に向けられていた。つまり、今日の量子力学などの物理化学の祖先である。いわば、西洋では「哲学」は、理科系の学問であり、数学もみなこの系列になる。今日まで物理学や化学、あるいは医学が解明しようとしてきたものは、古代以来の哲学者が提示したテーマの解明であり、証明であった。

ところが、孔子が集大成したような、中国古代の「哲学」は、「天が万民を生みたもうた」で止まってしまった。「人間をはじめとする万物は、いったいどこから来たのか」という問いに対し、「天からだ」と答えたけれども、「人間をはじめとする万物は何からできているのか」には、ならなかった。そういう問いを発する者もいたろうが、たとえば、次のようなかたちになってしまったのだろう。


季路《きろ》（子路《しろ》）が鬼神にはどう奉仕したらよいか、たずねた。孔先生は、

「人間に仕えたこともなくて、鬼神に仕えられはしない」

とお答えになった。

「ではあえて質問いたします。死とはいかなるものでしょうか」

「まだ人生の途中で、生《せい》ということを満足にわからぬ者には、いくら考えても死は理解できまい」

（先進篇）


この例が直接の「科学対話」でないのが残念だが、要するに、人間が何からできていようと、今、現実に人間として、人間社会の中にいるという事実から出発しよう、

これが中国古代の哲学であった。よく、漢民族は現実的と評されるけれども、こんなに昔から、現実尊重であったのだ。そして、さらに言うならば、「どういう『現実』を尊重すべきか」に、関心が向けられていたのである。孔子が尊重しようとした「現実」とは、その時代にあっては、ほぼ実現の見込みのない「理想」であった。長沮や桀溺が冷やかな態度であったのは、孔子の「理想」そのものに対して否認するのではなく、見込みのない努力をつづけることに価値を認めなかったためであった。となると、問題は二つあることになる。

①理想そのものの内容が違う
②その理想の実現をめざす努力への評価の違い

次の章では、一見したところでは長沮や桀溺に近いかと思われる老子《ろうし》の道家《どうか》思想について解説をしてゆくことにしよう。老子の思想は、孔子の「理想」とその内容がどう違うのであろうか。そして、老子は、孔子がしたような「見込みのない努力」をどうとらえ、どう評価するのであろうか。

＊1　武帝の時代……前漢の第七代皇帝の武帝は、官吏登用制度として、選挙制度(賢良)を採用し、大規模な水利事業を行なった。また、対外的には匈奴《きょうど》を撃退

したり、西域に張騫《ちょうけん》を派遣したりもした。専制君主制を確立するために、学者官僚・董仲舒《とうちゅうじょ》の提案を受け、国家の思想を儒教に統一することにし、儒教の五経教育を行なった。年号の制定も、武帝の時代にはじまった。

＊2　豚を贈って……魯で孔子は士、陽貨は大夫に属していた。礼では、目上の大夫の身分の者が目下の士に贈り物をしたときには、士の身分の者は大夫の家に出向いて挨拶《あいさつ》をしなければならないとされた。面会を拒否した孔子に会うための計略として、陽貨は孔子に贈り物をした。

＊3　クーデター……周公旦《しゅうこうたん》からはじまる魯では、春秋時代、桓公《かんこう》から分家した孟孫《もうそん》氏、叔孫《しゅくそん》氏、季孫《きそん》氏（三桓と呼ぶ）が政治の実権を握っていた。その中で季孫氏の系統の季平子《きへいし》の力は大きく、君主を国外に追い払ったりした。その季平子が前五〇五年に死去した直後、季氏の執事だった陽貨（陽虎）が季氏一族の一部の不満分子とむすんで、季氏の跡継ぎ・季桓子を捕らえて、魯の政治を独占した。彼はさらには他の二家の当主も廃して、自分の息がかかった庶子を立てようとしたが、三家からの反撃を受けて、クーデター後三年で国外に逃亡するに至った。

＊4　季桓子……季氏の当主。陽貨が国外に逃亡したのち、魯の宰相に就任した。なお、『論語』の「五十にして天命を知る」というくだりは、五十二歳のとき政

治家として魯の廟堂に立つことになった孔子の感慨を述べたものともいわれている。

＊5　衛の霊公……衛は周の諸侯国の一つで、はじめは河南にあったが、のちに河北に移った国。当時、すでに老齢だった霊公は、美人の南子《なんし》を寵愛《ちょうあい》するばかりで、政治には熱心でなかったといわれる。南子は霊公の死後に備えて太子を追放したり、自派勢力の伸張を画策していて、政情が混乱していたとされる。

＊6　子路……前五四三〜前四八〇。粗暴だったが、正直で勇敢な性格をしていて、師の孔子に献身的に仕えたとされる。のちに、衛の出公に仕え、内乱に巻きこまれて殺された。季路ともいう。

＊7　顔淵……前五二一？〜前四八二？。貧乏な家に生まれたが、学才・徳行がともにすぐれ、孔子に最も愛された。顔回ともいう。

＊8　葉公……楚の国の葉県の長官のこと。名前を、沈諸梁《しんしょりょう》といった。葉公については、『論語』では三か所で触れられている。

＊9　七十七人……司馬遷が挙げているのは、1顔回、2閔子騫、3冉耕（伯牛）、4仲弓（冉雍）、5冉有（求）、6子路、7宰我、8子貢、9子游、10子夏、11子張、12曾参、13子羽、14子賤、15子思、16子長、17子容、18季路、19曾点、20顔路、21商瞿、22高柴、23子開、24子周、25子牛、26子遅、27有若、28子華、

29子旗、30叔魚、31子柳、32子魯、33子循、34子析、35子石、36子産、37子之、38子南、39子斂、40子驕、41漆雕徒父、42子徒、43商沢、44子明、45任不斉、46子正、47子里、48秦冉、49公夏首、50子晳、51子中、52顔祖、53子家、54句井疆、55子索、56秦商、57申党、58顔之僕、59子祈、60子祺、61左人郢、62燕伋、63鄭国、64秦非、65子恒、66顔噲、67子車、68原亢、69子声、70廉絜、71子期、72顔何、73狄黒、74邽巽、75孔忠、76子上、77公西箴の七十七人。

＊10　イオニア学派……古代ギリシャ最初の哲学は、小アジア南西部のエーゲ海沿岸部やその付近の諸島のイオニア地方と呼ばれるギリシャ植民都市で紀元前六世紀に生まれた。タレス、アナクシマンドロス、アナクシメネスはともにミレトスの人で、ヘラクレイトスはエフェソスの王家の出身。

老子の思想

本章で老子《ろうし》の思想を解説するわけだが、この老子はまことに謎《なぞ》の人物である。前漢《ぜんかん》の司馬遷《しばせん》の『史記《しき》』の中に「老子伝」があり、姓は李《り》、名は耳《じ》、字《あざな》は聃《たん》。楚《そ》の苦県《こけん》（「苦」は地名のときは漢音のコと読む）の厲郷曲仁里《らいきょうきょくじんり》の出身で、周《しゅう》の国の守蔵室《しゅぞうしつ》（蔵書室）の役人であった、と書いてある。

「そんなに出身地の細かいところまでわかっているのに、どこが謎の人物なのか」

と思われるかもしれないが、そんなに細かいことを記した司馬遷自身が、次のような系図を示し（文字で示したのであり、図示ではない）、

李耳（老子）―宗《そう》―注《ちゅう》―宮《きゅう》―仮《か》―解《かい》

李仮《りか》は前漢の文帝（孝文帝）に仕えたと記すのである。文帝の在位は紀元前一八〇―前一五七年。通常は、「三十歳（年）」を一世代とするが、かりに「四十年」を一世代に考えても李耳《りじ》（老子）まで百六十年。文帝の即位と同時に仕えても、李耳（老子）は紀元前三四〇年ごろの人にしかなりえない。孔子《こうし》は紀元前四七九年の没である。

ってしまう。

どうしても、李耳（老子）は孔子の没後百何十年もたったころの人物ということにな

「それがどうした。別にかまわないじゃないか」

と言われるであろうか。実は、これが大変に困るのである。『史記』の「老子伝」には、「孔子が老子に『礼《れい》』を教わった」と書かれているのである。自分の死後百何十年もあとの人に、「礼」を教わることは不可能である。

すると、李耳（老子）の家系は、何人か抜けおちているのだろうか。そうでなければ、李耳（老子）の家は、代々八十歳を越えたぐらいで子をさずかる伝統でなくてはならなくなる。

では、司馬遷は、老子伝にでたらめを記したのであろうか。そうではないらしい。『礼記《らいき》』＊1曾子《そうし》問篇《もんへん》には、孔子の言葉として、

「私は老聃《ろうたん》に従って、葬儀の手伝いをしたことがある」

と見え、葬儀の最中に日食があった場合はどうするのかなどについて、孔子は老聃から教わったと語ったことが記されている。司馬遷はそうした伝承に従って、「孔子は老子に『礼』を教わった」と記したのであろう。——が、そう考えてひと息つけるなら、話はまだ簡単かもしれない。司馬遷は「老子伝」の中で、さらにこんなことを言いだすのである。

老莱子《ろうらいし》という人物も楚の人で、十五篇からなる書物を著し、道家《どうか》の学説を表現した。この人物は孔子と同時代の人で、こちらの「老子」は百六十余歳、あるいは二百余歳であった。修養の結果、長寿だったのであろう——こういう伝えもある。

さらに司馬遷は、孔子の死後、百二十九年にして、「周の太史《たいし》（歴史官）の儋《たん》なる人物が予言をした」という記録があり、一説によると、この「儋《たん》」が老子なのだと、妙な念を押す。そのために、ますますわけがわからなくなり、さきほどの『礼記』曾子問篇の「老聃」と李耳（老子）とは、別人だと考えるべきだとも古くから言われ、収拾がつかない。だから、謎の人物だと言ったのである。

しかし、謎の人物であっても、『老子』という書物は今日に存在し、その思想も、私たちの目の前にある。一九七三年に、中国の湖南《こなん》省の長沙《ちょうさ》にある馬王堆《まおうたい》*2から、絹に書かれた『老子』が二種類、発見された。

いずれも前漢初期（前二〇六—前一八〇ぐらい）の書写と推定されるものだが、通常私たちが読む『老子』と、章の順序が逆だったり、文字に異同があるものの、基本的には、同じものである。とりあえずは安心して、目の前にある『老子』を読んでゆけるというわけである。

直接、『老子』の中にはいってゆく前に、司馬遷が、『史記』老子伝に記した、孔子と老子の折衝《せっしょう》を見ておこう。これは、「司馬遷がくだした解釈」と言えることがらなので、「先入観」にしてしまってはまずいけれども、司馬遷の目にはどう映じたかを知る、かっこうの記事である。

孔子は周の都（洛陽《らくよう》）に行き、老子に「礼」を教えてもらおうとした。すると老子は、「あなたが問題にしようとしていることがらは、たとえば周の文王《ぶんのう》にしても周公旦《しゅうこうたん》にしても、すでにとっくの昔に故人となり、その骨さえもう土になってしまっている。彼らの発言は、たしかに記録に残っているが、だが、それだけのことだ。それに、根本的なことを言えば、知識人というものは、自分が活躍すべき時がめぐってきたら、高い地位にのぼって車に駕《の》り、人々を指導すればよく、時がめぐってこなければ、枯れ蓬《よもぎ》のごとくに、カラカラと風に乗って放浪すればよいものだ。こんな諺《ことわざ》がある。

『商売上手は在庫を豊富に持ち、客の注文に応じられる態勢でありながらも、ないかのように見せる（自分に有利な値段の交渉ができるように）。それと似て、りっぱな徳を有する知識人は、見かけは愚か者のようだ』と。あなたは、お見かけしたところ、人より徳があるとの優越感と、いろいろなことを成しとげようとする欲求と、どこか表面的に格好《かっこう》をつけようとする態度と、そういう自分を高く評価してもらいたいとの助平根性が、ありありと見えている。

すべて、お捨てになるがいい。そうしたものは、持っていても、あなたにとって良いことはひとつもない。私があなたに何かを教えてあげられるとしたら、このくらいである」

と言った。孔子は老子の前を辞去し、弟子たちに言った。

「たとえば鳥なら、飛ぶ能力があり、魚なら泳ぐ能力があり、獣なら走る能力があり、いずれも人間よりその能力については上である。しかし、走る獣を網で捕らえ、泳ぐ魚は釣り糸にかけ、飛ぶ鳥には、糸のついた矢（矰《いぐるみ》）を使って、いずれも捕らえることができる。しかし、竜については、風雲に乗じて天にのぼるというが、私はその実物を見たことがない。しかしだ、きょう老子に会って、この人こそが竜なのではないかと思った」

ここでの司馬遷は、孔子と老子を対立抗争する関係とはしていない。どちらかといえば、老子のほうを上位に評価しているようだが、司馬遷という人は、そんなひと筋縄でいく人ではない。それについては、本章の終わりのほうで触れることにし、『老子』を読みすすめながら、いろいろなことを考えてゆくことにしよう。

初源の説明

前章の末尾で、孔子が集大成したような古代儒家《じゅか》思想は、とりあえずは、人間がこうして暮らしているという「現実」から出発し、「人間がどこからきたか」という問いには「天」とだけ答え、それ以上の追求を行なわなかったと記した。たとえ考えたとしても、「人間は何からできているのか」というような、鮮やかに説明しきれそうにない「神秘」に、あえて挑んでゆこうとする科学の心は、つねに当時の「現実」の前に、抑制あるいは抑圧されがちであったわけだ。

しかし、こういう問題もある。孔子はあくまでも当時の「現実」にこだわり、長沮《ちょうそ》や桀溺《けつでき》らに冷笑されても、その「現実」から逃避しようとせず、努力をしつづけた。けれども、こうした「神秘」をさえ果敢に追求してゆこうとする科学の心を持ったわけではなかった。つまり、古代ギリシャのイオニア学派と比べた場合、「現実」からは逃げなかったけれども、「神秘」からは逃げたのではないか、と。『論語』には、こうある。

孔先生は、怪異・暴力・乱逆・神秘は語られなかった。（述而篇《じゅつじへん》）

訓読で「子《し》は怪力乱神《かいりょくらんしん》を語らず」という言葉である。要するに、守備範囲ではないということであろう。しかし、そのために、孔子に「科学の心」がどこまであったか、なかったか、私たちは知ることができなくなった。
ところが、である。科学的な立場から見た場合、『老子』には、孔子を超えたような言葉がある。

道《みち》の動きは、反復してきわまりない作用であり、しかしその作用は強烈な変化ではなく、たえずゆるやかで弱いものである。こうした作用のもと、天下の万物は、すでに有るものを生みの親としてつぎつぎに生まれる。この「すでに有るもの（有《ゆう》）」は、もとをただすと、いちばんはじめは、名づけようのない「何か」から生まれたのである。名づけようがないから、「無《む》」としておこう。
（『老子』第四十章）

前で触れたイオニア学派のアナクシマンドロス（前六一〇？―前五四七？）の「何かわからないが中間のもの」と、ヘラクレイトス（前五四〇？―前四七〇？）の「万物は流転する」を合体したような言葉である。そして、偶然か、老子が孔子（前五五二《一説に前五五一》―前四七九）の先輩にあたるとすれば、ちょうどアナクシマンドロスとヘラクレイトスのあたりの年代（でアナクシマンドロス寄り）に位置することになる。

まさか司馬遷が、

「ギリシヤのほうで、そのころにそんなことを言ってたの？　よし、こっちも負けたくないから、老子を孔子の前に持ってゆくことにしよう」

と張り合ったわけでもあるまいが、不思議な暗合である。

司馬遷が老子を孔子の先輩に位置づけたのは、その思想の内容が、古代儒教や孔子の儒教では、とらえようのないものであり、一段上を行くようなものということを象徴したのであろう。だから、老子をやたらと「儒教の批判者」と決めつけないほうがいい。『老子』の中で、たとえば「道」と出てくると、条件反射のように、

「儒家が言うような、仁だの義だのの道とは違う、宇宙自然の道」

と置きかえたくなるけれども、——たしかにそう置きかえるべきだと思われる例もあるけれども——よく見れば、そういう例のときでも、『老子』の原文には「儒家どもが主張する道とは違う」などとは、全く、一字も書かれていない。

ただ、「道《みち》」とか「大道《だいどう》」とかあるだけである。つまり、すべて古来の注釈書が補って解釈してきたのである。このあとの章で解説する『荘子《そうし》』には、明らかに儒家の人々を戯画化している（孔子らが実名で登場する）面はあるが、『老子』の中には、固

有名詞が全くないこと、すでに指摘されている通りである。『老子』は、つねに儒教にあてこすりを行なっているという先入観をなくすと、解釈のしかたも、だいぶ印象が変わってくるはずである。

「道」と私が言うのは、普通にいう「道路」の意味ではない。それと同様、「名」と私が言うのは、普通にいう「名前」の意味ではないので、注意して読んでほしい。「何か名づけようのないもの」がいちばんはじめにあって、実は「天」も「地」もそこから生まれたのだ。その「何か名づけようのないもの」に名づけると、たとえば、すべてのものの生《う》み主《ぬし》ということで「万物の母」となる。だから、「何か名づけようのないもの」を「無」ととりあえず呼んで、その妙《たえ》なる作用をうかがうのと、「万物の母」と名づけたものについて、それがどういう作用をするのか観察しようとするのは、呼び方は違うけれども、両者は実は全く同じ行為なのである。だから、「何か名づけようのないもの」のことを、別に「玄《げん》」と名づけることもできる。奥深く、暗く、黒い、「玄」のうえにも「玄」なるもの、それがあらゆる妙なるもの（万物）の出どころである門なのだ、と、こうも言えるわけだ。

（第一章）

イオニア学派の人々と同様、老子には、すべてのものの出どころに対し、見つめるまなざしがある。この「玄」[*3]は、今の私たちのイメージでは、「ブラックホールであり、同時にホワイトホールのようなもの」である。別な章には、こうある。

何やら得体の知れないものがまじりあっていて、それが「天」や「地」より前に存在した。とても静かで声もなく、しかし、それ自体は独立していて、ほかのものと、さらにくっついたりはしなかった。ゆらゆらと動いて移動したが、全く危なげもない。それを「天下の母」と名づけてもよいのだが、それは人間である私が勝手に、便宜上、そう呼ぶにすぎないので、本当のところ、私はその「得体の知れないもの」の名を知っているわけではない。もちろん、そういうわけだから、かりに「道」と呼ぶこともできるし、無理やりに「大きなもの」とも言える。「大きなもの」の代わりに「逝くもの」と言ってもよいし、「逝くもの」に代えて「遠いもの」と言うもよし、「遠いもの」に代えて、「反復するもの」と言ってもいい。そこで、こんなふうにも言えるだろう。「道」は「大きなもの」、「天」も「大きなもの」、「地」も「大きなもの」、「帝王」も「大きなもの」である。ある地域の中に、今あげた四つの「大きなもの」があり、「帝王」はそのうちの一つを占める存在である。そして人間は、「地」に抱かれて調和し、「地」は「天」に抱かれて調和し、「天」は「道」に抱かれる。が、「道」は、いちばん最初に存在した「得体の知れないもの」なのだから、好き勝手に、やりたいようにやるのだ。それが自然だ。（第二十五章）

ただ単に、万物の生み主を「天」だとするのではなく、「天地」よりも先の「何ものか」を想定して話をすすめている。「天」を万物の生み主とし、人間は「天」から生まれたと考えてすますのではなく、そのさらに前の状態を思考している。

この点から、孔子より「一段上の思想」と評せようし、なればこそ司馬遷が老子を孔子の先輩としているのだとも考えられる。しかし、その一方、思索が深まったもののほうが昔で、それを手前までしか思索していないほうが新しいとは考えにくいではないか、という問題もある。この受けとめ方を最もすなおに表現すれば、当然、「老子のほうが、孔子よりあとなのであろう」となる。

さて「天」や「地」でさえ、「道《みち》（あるいは無《む》、あるいは万物の母）」から生まれ出たとするのであるから、人間などは、まことにちっぽけな存在であり、その人間の努力など、実に小さいものであると考えることになる。

めったなことで何も言わないのが、自然というものだ。考えてみよ、つむじ風はたとえ吹いても、せいぜい朝のうちという程度で、にわか雨も一日中降りつづきはしない。つむじ風やにわか雨を起こすのは誰《だれ》か。天地である。しかし、天地とて永遠のものではない。まして、人間の一生など、どの程度の時間か。

したがって、天地をも生んだ「道《みち》」に従って生きて行くのがいちばん良いのだ。「道」と一体化し、自分に恵み（徳《とく》）が与えられるのであれば、ありがたくその恵みを受ければいい。「道」と一体化し、何か損失が降りかかってきたら、損失すればよい。「道」と一体化すれば、「道」のほうでも喜んでくれるからともに楽しく生きられる。恵みと一体化すれば、恵みのほうでも喜んでくれるから、ともに楽しく生きられる。損失と一体化すれば、損失のほうでも喜んでくれるから、損失とともに楽しく生きられる。私の言うことが十分信じられない人間には、信じられぬ話であろうが。

（第二十三章）

ここでは、無理な状態は長つづきするものではないから、「道（あるいは無、あるいは万物の母）」のなすがままに生きて行くのがよい、と説かれる。そして、これを「信ずる者のみ、楽しく生きて行ける」ということだ。人間の努力は、「無理な状態」にほかならない。「なるようになるのだから、無理な、作為的なことはよせ」という楽観的な感じもあるが、「どうせ、なるようにしかならない」という運命論でもありそうだ。次の第二十四章も見ておこう。

爪先《つまさき》で立ちつづけようとする者は、長時間立っていられない。両足をうんと開いてふんばりながら、その姿勢のままでうまく歩いてゆける者はいない。自分で自分の能力などを誇示する者は、外側を飾りたてているのだから、本当の人間性は外に現れにくい。自分で自分だけが正しいと思っている者は、本当の正しささえ、はっきりしなくなっている。

自分で自分の功績を誇る者は、本当の功績が何なのかわからず、自分の優越感にすがって生きてゆく者は、すぐにボロを出す。「道（無・万物の母）」に言わせると、そうした人間の作為的な行為は、無駄飯食いのおせっかいである。天下の万物はみなこういう行為をきらうので、「道（無・万物の母）」と一体になって生きてゆこうとする者は、しないのである。

（第二十四章）

司馬遷の『史記』老子伝に見えた、孔子を戒める言葉のもととなったのが、この第二十四章らしい。では老子は、人間の努力の一切を捨てよと主張したのか、というと、これがそうでもないらしい。

いちばん善《よ》い生き方は、「水《みず》」に表われている。水は万物をうるおし、利益を与えてくれるが、ほかのものと争うことはなく、みんなが嫌悪するドブ川になることにも甘んじている。この姿こそ、「道（無・万物の母）」の心に近いと言えよう。どんな場所にいても住みよいと考え、その心は淵《ふち》のように深く、万物をいつくしむ仁《じん》の心をつねに持ち、真実の声しかあげず、おだやかに治まっている。能力もあり、おのれの力を発揮すべきときになれば動き出す。そして、とにかくほかのものと争わない。だから、「道（無・万物の母）」から、とがめを受けることもない。

（第八章）

他人と衝突し、他者を言い負かし、あるいは暴力で屈服させる――こうしたことに老子は否定的である。

武器は不吉な道具であり、君子の用いる道具ではない。やむを得ずして使う場合でも、あっさりと使うべきであり、たとえ勝ってもほめない。もし、武器の使用をほめたりしたら、それは殺人を讃美することであり、殺人を讃美したら、かえって天下を思いのままにできなくなる。相手も武器を持てば、言うことをきかな

（第三十一章《部分》）

くなるからだ。

要するに、他者と争わず、「道（無・万物の母）」のくれた運命のまま、静かに楽しく生きてゆくのが最上だということなのだが、こういう生き方をすること自体、人間の努力を必要としないですむのか、といった問題が出てくる。

孔子の先輩であるにせよ、すでに世は「乱世」であり、孔子のあとになるほど、その度合いはすすむ。「富国強兵」路線は、やむどころか、いっそう激化する一方の世の中である。そういう世の中だからこそ、

「武器を持って争うのは、善い生き方ではない。『道（無・万物の母）』に抱かれて生きよ」

というかたちの反戦論・非戦論に意義があったのだ、という「読み方」もあるだろうが、当時における「現実」は、孔子の生き方をさえはばむものであったのに、老子は、

「いちばんはじめには、何やら得体の知れないものがまじりあって……」

などと、孔子の主張以上に、思いきり浮世ばなれしたテーマを掲げ、「水」のように生きろと言ったのである。だから、孔子以上に、世の中に受けいれられなかったはずである。実は老子も、世をなげいているのである。

老子のなげき

私の言うことは、非常にわかりやすいし、非常に実行しやすいのだが、天下の人々はわかってくれぬし、実行してもくれぬ。私の言っていることには、私の口をかりて話される正しい内容があり、物事には、ちゃんと人間を含む万物に手を借りて、それを行なう「行ない主《ぬし》（道・無・万物の母）」がある。しかしとにかく、わかってもらえぬ。だから、私も理解されず、私のことを理解してくれる人は稀《まれ》だ。だから、いたしかたなく、「道（無・万物の母）」と一体化して生きる「聖人」とも言うべき私も、心の中に美しい玉《ぎょく》を抱きながら、粗末な服を着て、じっと耐えているのだ。

（第七十章）

子貢《しこう》と孔子の美玉《びぎょく》は売るべきかの話を思い出す末尾である。老子の立場からすれば、孔子がしたような「実現の見込みのない努力・働きかけ」は、自然にさからう人間の無理な行為であり、本来でないもの（老子の喩《たと》えでは、つむじ風やにわか雨のようなのはずである。となると、老子自身は、

「私の説く道を理解してくれ」

という努力や働きかけをできない、するわけにいかない立場のはずである。にもかかわらず、自分が「道（無・万物の母）」に従って、それと一体化しているのだから、何もしなくても理解されて当然だと考えているとしたら、よほどの楽観主義者ではあるまいか。いや、決してそうではあるまい。前に、「天命」を自覚して、自分がこの世で何をすべき人間として生んでもらったかをわきまえて生きて行くという、古代の「天の思想」について述べた。老子は、その「天命」を「道（無・万物の母）の命」に置きかえているのである。だから、必ず人々に理解されるのである、と確信している。そして、この考え方の延長に、

「努力だとか修養とかは無用だ」

とのとらえ方がある。つまり、もしその人の自覚した「天命」が本物であるなら、特別な、あるいは無理やりの努力や働きかけはいらないはずである。何もしなくても、おのずと実現していくはずではないか――こういう論理がかくれているのである。

しかし、こういう論理は、一面で危険性もはらんでいる。「何もしなくても実現するはずだ」の裏側には、実現しなかった場合に、

「これは運命だ。実現しないのが運命なのだ」

という、あきらめを生むし、努力をおこたる人間にとって、まことにありがたいことこの上ない言い訳となる。

だから、本来ならば、

「なぜわかってもらえんのだ」

となげいた瞬間、おのれの主張する「道（無・万物の母）」が自分にさずけた運命を疑っていなくてはならないのだが、さらにその先に、

「これもまた運命」

が待ちかまえている。そして、それに疑問が生じたら、またその先に、

「これもまた運命」

が待ちかまえている、という無限のくりかえしである。そして、老子は、人間の作為を否定しようというのだから、何でもかんでも、

「すべて運命」

としなければならないはずである。だからなげくことはないではないか。理解されないのが運命なのだから。しかし、である。さきほどのような運命論からすると、

「ここでこうしてなげくのも、あらかじめ運命で決まっていたのだ」

になる。とことん、人間の自発的な営みを否定する――これが老子の立場であり、その「運命論」の本質なのである。

為すなかれ

老子の哲学は、「無為《むい》」の哲学である。しかし、現実問題、悪い行ないをする人間がいる。さきほどの「運命論」からすれば、その人は、「悪いことをするべき運命にあるから、悪いことをしないわけにはいかない」はずである。だから、さきほどのような、

「武器は不吉な道具である……」

は、主張してはおかしいことになる。武器を使って人を殺す運命の人が、人を殺すのだから、正当な行為だという評価を、老子はくださねばならぬはずである。

「人殺しを讃美《さんび》するな」

とは、悪い冗談であることになってしまう。人殺しを賛美する人は、人殺しを賛美する運命にあったから、そうしたまでであるということになってしまうはずだ。そして、自殺も運命、犯罪も運命。人命尊重など、どこ吹く風であり、人間の尊厳もどこにも見いだせなくなる。こうなると、「現実」は収拾がつかなくなる。老子も、自分の「道（無・万物の母）」の命令（運命）まかせにせよ、何も作為するな！　との主張が、論理としてどういうところに行ってしまうか、考えなかったはずはあるまい。そこで、殺人（あるいは戦争）のような行為については、抑制の言葉を吐いたのだろう。

さらに、人間が「無理」をおかしてまで努力する姿を、

強いて行なう者には、向上心がある。（第三十三章）

などと評価したりもしている。しかし、そうすることは、論理的には不徹底になってしまう。あちらとこちらとが衝突し、両立しなくなる。

したがって、あくまでも人間の生命を重視するならば、「運命」とのあいだに距離をもうけて、人間の他者への仁愛を積極的に持ち出してこなければならないわけである。この図式によるなら、孔子の「仁」などは、むしろ、老子の「危険な運命論」よりもあとに出て、人間尊重をうたったのだという順序も想定しうる。司馬遷はもしかすると、こんなことを思いめぐらして、老子を孔子より古いものに配置したのかもしれない。

説明のほうが先走ってしまったので、あらためて、『老子』の中に「無為」をたずねてみよう。

学問を積みかさねると、日々、どんどん知識が増えてゆく。しかし「道（無・万物の母）」のままに生きてゆくと、学問などは強《し》いられて行なわれるものだから、そういうことはしなくなり、日々、どんどんと忘れてゆく。

学問などというものを、忘れに忘れ、失いに失い、とことんまで行くと、「無為」、何も作為的なことをしなくなる。しかし、作為的、人為的なことは一切しないと言っても、それは「道（無・万物の母）」のままに生きるということについては、最大限の行ないをしているのである。「天下を取る」とひとくちに言うが、特別に作為的なことをしないで取るのが、「天下を取る」なのだ。暴力に訴えたりとか、何か余分なことをしてしまえば、それは真の意味の「天下を取る」ではない。

（第四十八章）

ここにも、みずからの「運命論」からすれば、相容《い》れないはずの抑制が見られる。暴力を使おうがどうしようが、

「このたび天下を取ったのは、私の運命によるのだ」

と宣言してしまえば、「暴力で天下を取らせる運命」を「道（無・万物の母）」が与えたことになってしまう。それへの抑制である。

たしかに、老子のころの「現実」に、あたかも今日の「受験戦争（この言葉もずいぶん古くなったように感じられるが）」のように、ひたすら自分を売りこむための努力があり、識者の目には、嘆かわしいものに映っていたのだろう。王侯は競って、自分の「国」を強くする方策を求め、他の国をだしぬこうとして、賢者を求めていた。そ

して、そうした環境において登場したのが、「諸子百家」であった。

すると、老子は、みずからも「諸子百家」の一人でありながら、「諸子百家」（当時この言葉で呼ばれていたのではないが）のような連中の登場がなければ、他人をだしぬいて他人を制圧しようともくろむ王侯はいないであろうに。人がなまじ知恵を持ったからこうなったのだ。いっそ、原始の時代にあともどりしてしまったほうが、争いなどなくてすんだのではないか――こういう方向の思考を持った人物であったことになる。老子は別にこうも言う。

政治への関心

正統的な方法で国を治め、意表をつく戦法で兵を用いる、とはよく主張されることだが、最上の方法は、何もしないで天下を取ることである。私がなぜそう考えるのかというと、次のようなことからだ。天下に、「あれをするな」「これをしてはいけない」と条令ばかりが増えると、民衆は自由を奪われ、どんどん貧しくなる。文明の利器《りき》（この二字は原文のまま）が多くなればなるほど、国家は暗くなる。

人間が技巧をこらせばこらすほど、わけのわからぬような珍奇なものがあふれ、法律の規定が整備されればされるほど、その網の目をくぐった、凶悪で、ずるがしこい犯罪が増える。だから聖人は言うのだ。

「私は何も作為しないが、民衆は自然と良い方向にすすみ、私はじっと静かにしていても、人民は自然と正しい行ないをし、私は何も事業を興さないが、人々は自然と豊かになり、私は人々に、ああなってほしい、こうなってほしいと思わないが、人々は自然と純粋な心で生きてゆく」

(第五十七章)


ここに政治的関心がうかがえる。しかし、孔子の場合と違い、自分の理想の実現のためには、政治家として手腕をふるう道が不可欠ではなく、むしろ、「政治」という人為的行為をすべて否定しなくてはいけないはずであった。だから、政治的関心といっても、孔子に比べると、どこか情熱に欠け、そっけない記述になるのは当然であろう。「聖人だから、そう言うのかもしれないが、ある王侯が急に何もしなくなって、『無為』の道を歩むことは可能なのか。そんなことをして、隣国に攻めこまれ、民衆に多数の死者が出ても、『それがこの国の運命だから』と言って涙の一滴も流すことなく、すましていればいいと言う気か」というような問いには、答えてくれない。何かを言うとすれば、次のようになるのみ。

「道（無・万物の母）」は何もしないが、すべてのことを、万物にやらせている。侯王《こうおう》（王侯を逆にしただけ）が、「道（無・万物の母）」と同様になれたら、万物は、「道（無・万物の母）」の場合と同様、すべて王侯の言うことをきくはずである。

しかし、言うことをきかせようと欲をおこすならば、名もない樸《ぼく》（山の雑木）のたとえによって、その欲をおさえつけよう。雑木は、「よし、おれは最高の材木になってやるぞ」などと欲を持っていない。欲を持たずに静かであるならば、天下はおのずと治まるものだ。

（第三十七章）

理想の国は小国寡民《しょうこくかみん》、国土は小さく、人口も少なく、文明の利器はあるが、使う必要はなく、人民は、生命を大切にして遠くに移り住むことがない。船や車はあるが、乗ることはなく、鎧《よろい》や武器はあっても、実際に布陣して使うこともなく、人民は太古の昔のように、文字ではなく縄の結び目で意志を伝えあう程度の簡素なコミュニケーションをする。得られた食べものをうまいと思い、着られる服を美しいと思う。

住む家を愛し、習俗を楽しみ、隣の国とは、お互いに眺めあえるような距離で、鶏や犬の声が聞こえるほど近くても、人民は老い、そして死ぬまで、隣国と往きするすることがないような、そういう国でありたい。

（第八十章）

このとおりなら、船や車ははじめからいらないだろうが、「持っていたものを使わなくなる」という方向が大事なので、こういう言い方になるのだろう。しかし、当時の「現実」は天下の大統一への動きがあり、国が国を呑《の》みこんで巨大化する方向にすすんでいたから、全く逆行する「理想」であった。

しかし、現代に生きる私たちも、不思議と郷愁をそそられる文章である。私たちは情報ぜめを受けているような世の中に生きている。ふっと、今の第八十章のような世界へ逃げこみたくなる——こういう人も多かろう。

司馬遷の言い分

前に司馬遷という人は、ひと筋縄でいく人ではない、と書いたが、司馬遷は『史記』老子伝においては、孔子に質問に行かせたりして、老子のほうが一枚上手のようなことを書いていた。ところが、同じ『史記』の貨殖《かしょく》列伝の冒頭で、この第八十章を引用しつつ、

老子は、最高の治政の見本として、隣国がお互いに眺められ、人民は得られた食べものをうまいと思い、着られる服を美しいと思い、その習俗に安心して身をゆ

だね、その仕事を楽しんで、老い、そして死ぬまで隣国と往ききしない、と言った。しかし、そうした社会を、最近の世の中に実現しようと、がんばってみても、人々の耳や口を何かで塗りかためなければならないので、不可能に近いだろう。

と言っている。「耳や口を塗りかためる」とは、いい音楽を聴き、うまいものを食ったことのある耳や口は、原始の世の中にもどる気はないから、ということである。そして、耳や口ばかりではない。そもそも、こうした原始の世の中には、老子の生きていた当時の社会にしたところで、その実現は不可能だ――司馬遷はそう言っているのである。

まさに、老子の問題点を指摘したものである。

老子は、たしかに孔子が考えなかった点にまで思索をすすめ、「天」や「地」にも先立つ「何ものか」を初源のものとした。その点においては、一枚上とも言えるが、当時の「現実」において考えた場合、浮世ばなれの度合いは、孔子よりすごかったであろう。

そして、本来なら、「道（無・万物の母）」の命令にすなおに従うという「運命論」で押し通してしまえば、それはそれで徹底したものとなったわけだが、おそらく老子自身、その「運命論」が、殺人でも自殺でも、何でも保証し、正当化してしまう点があるのを危惧《きぐ》し、一方で人間尊重（強いて行なう者には向上心がある――第三十三章）、生命尊重（生命を大切にして――第八十章）を持ちこんだようだ。そのために不徹底と言えば不徹底になったが、老子自身はそれでホッとしていたのではなかろうか。

もうひとつ、「無為」、何もしないということは、

「仕事も、奉仕も、孝行も、何もしなくてもいいのだろう？　何もしなくたって、運命で、なるようになるはずだから」

という、とんでもないサボリを生んでしまうおそれがある。そこで老子は、

無為《むい》を為《な》し、事無《ことな》きを事《こと》とし、無味《むみ》を味《あじ》わう。（第六十三章）

とも言っている。「無為」は「為すもの」なのだ、と。これも、彼の本来の哲学からすれば、みずからの手でみずからの本筋をくずす行為にほかならないだろう。しかし、こうしたところに、人間の作為、すなわち人為をうっとうしく思いながらも、冷酷に否定しきらなかった彼の人間味があるのだろう。一方では、

天地は仁愛のないもので、万物を芻狗《すうく》、つまり祭りに使うワラの犬と同様にあつかい、必要なときだけ用いて、あとはポイと捨ててしまう。聖人は仁愛のないも

ので、人民を芻狗と同様にあつかう。天地のあいだの空間は、ふいごのようなもので、中はがらんとしているが、ぺちゃんこにはならず、動きだせば、どんどんと、ものすごいエネルギーを出す。(以下略)　(第五章)

と、何でもかんでも運命のせいにしてしまい、人間尊重を否定する危険性を含む「運命論」そのままに冷たそうだが、また一方では、

天道《てんどう》には、ひいきはなく、つねに善人に味方する。　(第七十九章)

と言っていたりする。ギリシヤの「イオニア学派」のような哲学を語り、あるいはブラックホール、ホワイトホールのような現代の宇宙物理学の概念をはやばやと予言しているような面を持ちながら、どこか冷徹になりきれない。これが老子の特徴と言えよう。そして、この、ときどき現れる人間味が、それを愛する人には、たまらない魅力となったのであろう。江戸時代中期の医師にして文人であった橘 南谿《たちばななんけい》*4(一七五三―一八〇五)は、若いころから『老子』を愛読し、通読すること数十回、自分で注釈まで書いたと記している(『北窻瑣談《ほくそうさだん》』後篇巻四)。

そして、兼好法師《けんこう》も、本書のはじめのほうに引用した『徒然草《つれづれぐさ》』第十三段の後半に、

自分の好む書物の名を挙げている。その中に、

老子のことば、南華《なんげ》の篇《へん》（荘子のこと）。

と見えている。そこで兼好法師は、何ゆえに『老子』『荘子』を好むか、全く書いていないけれども、推測できることはある。これも本書に引用した『徒然草』第二百四十三段の「仏の前の、いちばんはじめの仏を導いたものは何か」という問いを発した兼好法師には、『老子』の第一章や第二十五章などの、「初源」の説明は、興味深いものであったに違いない。

しかし、前にも記したように、『老子』には、興味深い寓話《ぐうわ》はなく、ただ、哲理の言葉がボソボソとつぶやかれるだけのような印象がある。ときどきのぞく人間味には、この人の愛すべき人格が感じとれるけれども、どちらかと言えば寡黙な哲学者である。しかし、これも彼がみずから、

真に理解している者は、べらべらとしゃべらない。べらべらとしゃべる者は、真に理解していない。　（第五十六章）

と言ってしまったために、自分でもべらべらとしゃべれなくなっているということで、自分で自分の首をしめているようなものである。いや、厳密に言えば、老子は『老子』という書物を著《あらわ》したのだから、「真に理解していない」ことになってしまうはずだが、読むほうもそこまでは責めないのが普通である。

冷徹になりきれない彼の人間味を知っているからである。唐《とう》の白楽天《はくらくてん》＊5（七七二―八四六）は「老子を読む」と題する詩で、「理解している者は何も言わないと言うのなら、どうして『老子』を著したのだ」と、からかっているが。

『史記』老子伝にはこうある。老子は久しく周にいたが、周王朝の権威が衰えたのを見て辞職し、去った。関所を出るとき、役人が、

「あなたはこれから身をかくされるのでしょう。まげてのお願いです。私のために、何か書きのこしていってください」

と頼んだ。李耳（老子）はそこで五千字あまりの書を著して去り、その後は全くわからない、と。

老子が実在の人物であったとすれば、孔子以上に不遇な人生であったことになろう。その哲理は深遠であったけれども、孔子以上に、当時の「現実」に合わなかった。孔子が、周の文王や周公旦を理想としたのに比べると、老子は今ある文明を捨てて、いきなり太古の昔の生活に回帰するのを「理想」とした。両者の「理想」の違いはそこ

にある。彼は、

大道《だいどう》が荒廃したために、仁だの義だのが主張されるようになった。なまじ知恵を持ったから、大嘘《うそ》がまかり通るようになった。親族が、個人主義的に、自分の利益ばかり追求するようになったから、親孝行な子だの、慈愛に満ちた親だのが現れた。国が乱れたために、忠臣との評判をとる者が出てきたのだ。（第十八章）

とも言っている。たしかにそういう言い方はできよう。しかし、根本的なことは、彼が「荒廃した大道」と言っているものが、彼が別に言う「無為」、何もしないことによって、よみがえることがあるのか、という点ではなかったか。「何も努力しないことによって、社会の変革は成しとげられるものであるのか」ということである。孔子なら言うはずだ。「あくまでも努力しつづけなければ、よい世の中はこないであろう」と。

老子の思想は、哲理としては深遠であったかもしれないが、司馬遷が指摘して見せたように、その深遠さを「現実」にあてはめようとすると、「現実」とのギャップは、深遠さに比例して、とほうもなく大きくなってしまうのであった。

では、次に、兼好法師が『老子』とともに挙げた『荘子』になると、どうなるのか。

このギャップは、さらに拡大するのか。あるいは「現実」に歩み寄って、小さくなるのであろうか。

＊1　『礼記』……中国前漢時代に著された経書で、四十九編からなる。『儀礼《ぎらい》』を注釈し、戦国時代から秦・前漢時代にかけての礼制に関する説を集録した。『儀礼』『周礼《しゅらい》』と並ぶ三礼《さん》のひとつで、『大学』『中庸』は本書の一部を独立させたもの。

＊2　馬王堆……馬王堆漢墓という。漢初期の墳墓。一九七二年から三基の墳墓が発掘され、木槨墓《もっかくぼ》から初代・軑侯《たいこう》利蒼《りそう》とその妻子と見られる三人の遺体が発見された。特に、夫人の遺体は保存状態が良好で、注目を集めた。帛画《はくが》・帛書・漆器・楽器・玉器などの副葬品も多数出土し、前漢時代の貴重な史料となっている。

＊3　ブラックホール、ホワイトホール……超高密度・大質量で、巨大な重力のために、物質も光も吸い込むだけで閉じ込めてしまう天体をブラックホールといい、ホワイトホールはこれと反対に、物質や光を吐き出す一方の天体をいう。

＊4　橘南谿の『北窻瑣談』……江戸時代中期、京都で朝廷に仕え、また諸国を遍歴

した儒医。『北窻瑣談』は前後それぞれ四巻からなる随筆集で、和漢の文学、歴史、風俗についての興味深い記事が多い。

＊5 白楽天……白居易《はくきよい》。唐中期の詩人。科挙《かきよ》に合格し、はじめは政治に意欲を燃やしたものの、なかなか理想と現実のギャップがうまらず、しだいに情熱を失って、詩酒に慰めを求めるかのような作品がふえてゆく。「長恨歌《ちようごんか》」など多くの人に愛好される詩をつくり、「大衆詩人」として広く親しまれた。

荘子の思想

司馬遷《しばせん》は、『史記《しき》』老子伝《ろうし》において、老子（李耳《りじ》）は、周《しゅう》の蔵書室の役人であったと記しているが、これにはひとつの象徴的な意味があった。「今の文明を捨てて原始にかえろう」などと主張する人が、実際に国を動かす立場に立って、「あしたから何もしないことにしよう」と言い出し、実行にうつしたら、どういうことになるか。だから、老子（李耳）のような人はそういう立場に置くわけにいかない。蔵書室の役人ぐらいしか、与えようとしても実際与えてやれる官職がない――この象徴なのである。

『史記』荘子伝《そうし》は、次のように言う。

荘子は蒙《もう》（梁《りょう》《魏《ぎ》》領内の地）の出身で、名は周《しゅう》。荘周は蒙の漆園《しつえん》（うるしばたけ）の役人であった。梁（魏）の恵王《けいおう》*1（前三七〇―前三三五在位）や斉《せい》の宣王《せんのう》*2（前三四二―前三二四在位）と同時代の人物で、その学識は、ありとあらゆる方面におよんでいるが、要点は老子の言うところに帰着するものであった。その著書は十数万字におよび、大半は架空の喩《たと》え話である。……当時の碩学《せきがく》も、荘周の議論を論駁《ろんばく》できないほど、スケールの大きな内容を語り、自分の自由な生き方を誇ったが、そのために王侯・高官の地位にある者が、荘周を器量のある人物として評価することはできなかった。（以下略）

略した部分は、楚《そ》の威王《いおう》が荘周を採用しようとしたのを、「自分は勝手に生きていたいから」と断ったという話である。荘子が老子と同じような思想であれば、高位高官に採用できるはずはないので、これを実話だと読む人は、まずいない。

また、老子と違うのは、老子が衰えた周を見限るように、いずこかへ去るのに対し、荘子については、楚の威王の招聘《しょうへい》を断ったあと、どうなったのか全く記事がない点である。おそらく、自分の好き勝手に生き、好き勝手に人生を終えたのであろう。

いかにも、荘子には、高位高官にのぼることなく、卑賤《ひせん》の人生を送ることを積極的に評価する姿勢がある。「弱者の人生こそが、本当の人生なのだ」との賛歌がある。

乱世の中で日常的に駆けひきをくりかえし、他人をだまし、相手を制して領土を拡《ひろ》げる。そういう生き方は「自分本来の、人間本来の生き方なのか」と問う。当時のいわゆる「人生の成功者」たちは、

「ふん、荘周の奴《やつ》め。自分が出世できないものだから、あんなふうに言いおって。しょせん負け犬の遠吠《とおぼ》えだ。弱者にこそ『人間の真実がある』だと？　ばかな」

などと言ったかもしれないが、荘子には、老子以上の論理学があった。だから、司馬遷は、「荘周と議論して勝てる者はいなかった」と記したのである。まず、この「老子以上の論理学」をご紹介しよう。老子は、「天」よりも前に、「何やら得体の知れないもの」があって、「天」や「地」や「万物」の生《う》みの主《ぬし》である、というところから出発していた。古代儒教の「天」の思想を一歩すすめ、「何やら得体の知れないもの」を「道《みち》」とか「無《む》」とか「万物の母」とか置きかえながら、その哲理を説くのであった。だが、荘子は違う。老子の今の哲理さえ、その「運命論」ごと否定してしまうのだ。

すべては架空、すべては夢

八歳の兼好《けんこう》法師の疑問、「仏の前の仏の、そのまた前の、いちばんはじめの仏は、誰が仏にしたのか」について、言うなれば老子は、すべてのものの初源にあった「何やら得体の知れないもの（道・無・万物の母）」をその答えとした。荘子は、「それさえもなかったのだ。そして、本当のことを言うと、今も何もないのだ。この私、荘周さえも存在していないのだ」と言い出すのである。

何かの「始まり」があると言う。しかし、そう考えると、その「始まりより前の状態」があると言わざるを得なくなる。そうすると次には、その「始まりより前の状態の前の状態」があることになり、そのまた次には、その「始まりより前の状態の前の状態の前の状態」が、と無限のくりかえしが生じるだけで、これでは何の説明にもならない。つまり、何かが「あった」と言ってみても、「なかった」と言っても、論理的には、どちらでも同じ。今言った無限のくりかえしが起こるだけで、何の説明にもならないのである。たとえば、「無《む》（道・万物の母・何やら得体の知れないもの）」がはじめにあったとしても、その前には「その無さえなかった状態」があるわけだし、そのまた前には、「その無さえなかった状態の前の状態」があり、そのまた前には……となるだけで、何の説明にもならない。

かりに、「ある」と「ない」の二つの状態については、とりあえず認めようとしても、「ある」状態が「ない」状態の先なのか、「ない」状態が「ある」状態の先なのか、決着はつかない。——と、私は今言ったわけだが、私はたしかに何か言ったのか？　それとも何も言わなかったのか？

（『荘子』斉物論篇《せいぶつろんへん》）

「今、自分でそう言っていながら、何をとぼけているんだ」

と考えてはいけない。ここに荘子の最も深刻な思想の提示がある。

「人間は、自分という存在が、たしかに存在していると証明できるのか？」

と言っているのである。その証明ができなければ、その人間を生み、あやつっている存在のことも、言えなくなってしまうからである。たとえば、

「自分のまわりには、家族もいるし、友だちもいる。壁にぶつかれば痛い。だから自分は存在する」

と言えば、存在を証明したことになるのか。いや、それらは自分がまわりにそういうものがいると思っているだけで、何の証明にもなっていないのではないか。今、自分が見ていることは、すべて夢ではないのか。荘子は、こういう寓話《ぐうわ》を私たちに突きつけてくる。

以前のことだが、わたし荘周《そうしゅう》は、自分が胡蝶《こちょう》になった夢を見た。ひらひら、はたはたと羽を動かす胡蝶である。この夢を見ているあいだ、とても楽しくて、自分が荘周であることなど完全に忘れていた。が、ふっと目が覚めてみると、自分は、あたりをキョロキョロと見まわしている荘周である。そこで考えたのだ。荘周が胡蝶になった夢を見ていたのか、胡蝶が荘周になった夢を今見はじめたのか、と。荘周と胡蝶のあいだには、明確な区別があるはずだと思いたいのだが、「こういう区別があるのだ」と、どこで線を引けるというのか。これは、ものの変化とか生死とか、すべてについて言えることである。

（斉物論篇）

いかがだろう。ことの深刻さにお気づきいただけたであろうか。胡蝶が夢で荘子になったのか、あるいは、牛の夢、馬の夢……と考えだすと収拾がつかなくなる。現代の私達は、デカルト(一五九六―一六五〇)の、

「我思う、ゆえに我在《あ》り」*3

を知っている。「我思う」とは「我疑う」のことで、いくら人間が、

「自分はこの世に存在しないのではないか」

と疑ったとしても、「そう疑う自分」は存在する、と言ってくれているのだ。しかし、安心はできない。荘子の言っていることは、デカルトの今の論法によって完全に打破することはできないのである。「我思う」にせよ、「我疑う」にせよ、主語は「我」である。あくまでも主観的な実感にすぎない。そしてその「実感」は「幻想」かもしれない。

もし荘子がデカルトの今の論法に接したら、

「そう疑っているのは、胡蝶が夢の中で人間になって、そう疑っているのかもしれないし、牛が、馬が、犬が、猫が、虎《とら》が、夢の中で人間になって、そう疑っているのかもしれないし、誰《だれ》か別人が夢の中で『私』になって、そう疑っているのかもしれないだろう。その論法では、『何ものか思う、ゆえに何ものか在り』までしか言えぬであ

ろう」

と言いそうである（が、これに従うならば、とりあえず「何ものか」が在ることだけは確認されることになろう）。現代の物理学でも、

「我々が目を開いているあいだだけ、外にある物体は存在し、我々が目を閉じているあいだは、どういう形になっているのかわからない」

という考え方があるそうである。それに、私たちは、いろいろな風景や物体を見ているけれども、本当に誰もが「同じ」に見ているかどうか、保証はない。それなのに、私たちは、そこにさらに抽象的な評価を加える。たとえば、「美しい山」「きれいな水」などなど。本当にその「山」を、誰もが同じかたちの、同じ色あいの山として見ているのであろうか。

さらに別の問題を見てゆこう。

普通に認識するところでは、「彼《ひ》（自分以外の人）」があり、同時に「是《し》（自分）」がある。自分以外の人にはわからなくても、自分にはわかっていることがある。しかし、立場を変えてみると、自分以外の人も、その人はその人のことを「自分」と考えていて、「自分以外の人にはわからないが、自分にはわかっていることがある」と考えていよう。つまり、世の中は、「自分以外の人」だらけである

と同時に、「自分」だらけである。
だから、こう言えよう。「自分以外」でありながら「自分」であり、「自分」でありながら「自分以外」である、と。これは、立場の違いで、「自分」と「自分以外」が入れかわる、あくまでも相対的な世界である。生でないほうが死、死でないほうが生、可《か》でないほうが不可、不可でないほうが可、正しくないほうが非《ひ》、非でないほうが正、というわけだ。これは、そのものの価値なりを、そのものにそくして判定する（絶対評価）のではなく、ほかのものと比べて、どうだこうだという評価（相対的評価）であるから、聖人は行なわない。聖人は、人間世界を超越した「天」に照らして、本当の「正しさ」にもとづいて評価をするのである。
（斉物論篇）

さきほどの部分での主張は、この世界はすべて架空、すべて夢なのだと言っていたのに、ここでは「天」が標準・基準とされ、聖人の判断の拠《よ》りどころとされている。これは不徹底と言わざるを得まい。次のような言葉も、今までの言葉と同じ「斉物論」の巻にある。

いにしえの人は、最高度の知恵を持っていた。どのくらい高度であったのか。「はじめからこの世には何もなかった」と考えたのだ。至《いた》れり、尽《つ》くせり、である。これ以上、何も付け加えることはない。これに次ぐ考え方は、「物はあるけれども、区別は存在しなかった」というもので、それに次ぐのは、「区別はあったが、正しい正しくないの判断はなかった」というものである。人間によって、是非《ぜひ》の判断が導入されたことで、本来の「道《みち》（老子と違い、『無』や『万物の母』とかに呼べるものを言うのではなさそうだ）」をそこなうことになった。「道」がそこなわれたために、「愛」でおぎなわねばならず、また一方で「愛着、執着」の心が生じた。

これらの例を見ると、荘子は、おそろしいほどの論理的達成を示し、老子の言ったこと（「何か得体の知れないもの」）をさえ否定するような勢いで、論理としては、行きつくところまで行ってしまったのだが、老子の場合もそうであったように、荘子も、「何もない。一切は架空の夢」と主張するだけで、現実の問題がかたづくとは思っていなかったようだ。紀元前三百何十年かの時点で、あそこまで論理的に到達していた頭脳の持ち主である。「架空だ」「夢だ」というのは、一種のおどけを含んだ論理の遊びなのだろう。もし、荘子に会えたとして、

「先生は、嫌だ嫌だとおっしゃりながら、本当は人間がお好きなんでしょう？」

とたずねてみたら、

「きらいだよ」

と言いながら、ちょっとにっこりしそうな気がする。これは無駄な感想を書き加えたのではない。今、提示された「ものの考え方」のコースを見れば、よくわかる。荘子は、「あれ」とか「これ」とかの区別、人為的な善悪の判断の一切を打ち消すことで、結果として精神的に、

「みんな平等なんだ」

と、人間の尊厳を高らかに主張しているではないか。王侯だから、逆に貧乏人だから、というのは人間をはかる真の尺度ではない。威勢があり、権力があるといってもそれをほめたり、あこがれたりしなければいけないわけではない。

「万物は斉《ひと》しい（平等なのだ）」

ということを主張するので、「斉物論《せいぶつろん》」なのである。強者も弱者も、価値には変わりがない――これを人間愛の思想と呼ばずして、何をそう呼べばよいのか。強者は荘子にこう言われたら、ムッとするかもしれないが、荘子は、人間が行なうありとあらゆる価値判断を、その論理で打ちくだいてしまう弱者の味方、そんな見方もできる。

もちろん、強者の側には、

「荘周には、好き勝手に言わしておけばいい。弱者の心が、精神的に救われるから、

弱者はおとなしく弱者のままでいてくれる」
と考えて、荘子を利用する気があったかもしれないのだが。「斉物論篇」には、次のような話もある。

齧缺《げっけつ》が王倪《おうげい》[*4]に問うた。「先生は、すべてにあてはまる真の評価をご存じですか」

「知らんな」

「先生は、自分が知らないことをご存じなのですね」

「それも知らんよ」

「では、人間はすべてにあてはまる真の評価を知ることができないのですか」

「それもわからんが、ちょっと説明を試みてみようか。私が知っていると思いこんでいても、実は本当はわかっていないのかもしれないし、逆に知らないと思っているが、知っていることもあるかもしれん。まあ、とにかく話してみよう。人間は湿度の高い場所に寝つづけると、腰を痛め、死に至るが、ドジョウはそうではない。

人間は高い木に登ると、こわくなって震えてしまうが、サルはそんなことはない。人間とドジョウとサル、はたしてこの三つのうちのどれが、正しい居場所を知っていることになるのだろうか。人間は飼育した豚や羊などを食べて、うまいと思うが、鹿は柔らかい草を好み、あるムカデは蛇を食べ、トビやカラスは鼠《ねずみ》を喜んで食う。このうちのどれが、真にうまいものを知っているのだろう。サルは似た同類と交わり、大鹿も似た同類の鹿と交わり、ドジョウと魚はいいコンビである。毛嬙《もうしょう》＊5や驪姫《りき》（次ページを参照）は、人間だれもがものにしたがっている美人だが、魚はその姿を見れば、水底《みなそこ》深くかくれ、鳥は高く飛び去り、鹿は全速力で走って逃げる。

　人間と魚と鳥とシカ、どれが真の美を知っているのだろうか。それぞれ勝手に、これがいいと思っているにすぎないのだ。私のこういう見方からすると、仁や義の芽（端緒）がどうのこうのと言っていたり（孟子《もうし》のことであろう）、あれが正しいの、これはいけないのと自分勝手な価値規準を言いちらしている連中は、世の中をかき乱す役割しか果たしておらん。連中について何と言っていいか、わからんよ」

　美と醜、善と悪、是と非、いずれも相対的な判断なのだが、それを絶対的な判断と思いこんで用いていることよ、という深刻な警句である。これは通常の世間の常識で、醜・悪・非と決めつけられてしまう側に立つ人々にとって、救いである。

たしかに、その当時は評価されなくとも、歴史的に再評価され、人類の未来を切りひらく輝かしい業績とされる日が来たりするものだし、当時は世間の賞賛をすべて集めたのではないかと思われるようなものが、意外に短期間で忘れ去られていく例も、ある。

ここでもまた、自分が美しいと思っている、あるいは自分が多くの人から、美しいと賞賛されているような人は、ムッとするかもしれない。自分が強者であると思っている人も、同様にムッとするかもしれない。

生死の否定

荘子の論法からすれば、当然、「生」と「死」の区別も、その善悪も否定されることになる。次のような言葉がある。

生きていることを喜ぶのは、一種の迷いだと思う。死ぬことをいやがるのは、戦争のために若いころ、故郷を失い、自分が帰るべき場所を知らないで、うろたえているようなものであろう。驪姫は艾《がい》という土地の防人《さきもり》の娘であった。晋《しん》の献公《けんこう》が彼女を得て、都に帰還しようとしたとき、彼女は泣き悲しみ、着物の襟《えり》をびっしょりぬらした。

ところが、王宮にはいり、王と寝所をともにし、飼育された豚などの肉を食べるようになると、「連れ去られるとき、どうして自分は泣いたりしたのだろう」と後悔したという。してみれば、死んだあとで、「なんであれほど生《せい》に執着していたのだろうか」と後悔することもあるはずではないか。夢の中で楽しく酒を飲んでいた者が、夜が明けたら泣きわめいたり、夢の中で泣いていた者が、翌朝、いつもどおりに狩りに出たりするのは、夢の中ではそれが夢であるとわからないからである。そのわからない夢の中で、夢の吉兆を占っていたりすることもあり、目が覚めると占いをしていたこともまた夢のまた夢であることを知る。大いなる目覚めを得れば、今の世の中が大きな夢であることがわかるであろう。しかし、愚か者は、夢を見ているのに、覚めている気でいるのだ。　（斉物論篇）

もちろん、これは死の恐怖、残された者の悲痛を救う言葉であって、「自殺のすすめ」などでは決してない。読者各位は、この一節の中に、「戦争によって故郷を失う」という言葉があるのに、お気づきのはずである。

荘子の生きていた時代（と言っても、彼の生没年は不明なのだが）、天下には、孔子《こうし》の時代よりももっと明確に、いくつもの「独立国家」が存在し、天下の覇者《はしゃ》の地位を争っていた。周王朝はまだ形式的につづいていたが、紀元前四〇三年、晋《しん》の国の実力者たちが、自主独立の権利を晋の王に認められ（認めさせ、が実態）、魏《ぎ》（梁《りょう》）・韓《かん》・

趙《ちょう》の三つに分裂することになった。この時点から、紀元前二二一年の秦《しん》の始《し》皇帝《こうてい》の天下統一までの百八十三年間を「戦国時代」と呼ぶ。ちょうどこの時代のことを記す『戦国策《せんごくさく》』*6という書物にちなんだ呼び方である。

中国は広いので、戦乱の世であっても、全土が焼け野原になるわけではないから、案外何事もなくすんでしまう地域もあったはずだが、あちこちで戦争がうちつづいた時代である。ある者は兵士として徴発され、戦死する。ある者は、おのれの村が匪賊《ひぞく》と化した軍に踏みこまれ、略奪を受けた際に、妻や子を殺される。——こういうことが、日常的に起きていた時代である。人々の心を救う方法として、いかなるものがありえたであろう。

そういう時代に、荘子は、人間という存在を超越してしまう論理を掲げて登場したと言ってよい。「善」とか「悪」とか、「生」とか「死」とか、そんな尺度は無意味である。「強」とか「弱」とかの比較も無意味である。

この世は夢、架空の世界なのだ。肉親の「死」は悲しいことと思うかもしれないが、死んで今よりいい状態になるかもしれぬ。なぐさめである。心の救済である。しかし、これはどこか仏教に似ている。そのため、荘子を「仏教と中国哲学をつなぐ役割を果たした人物」ととらえる考え方もある。

だが、いくら、荘子にそう言われても、戦死した人の家族は悲しいはずだし、

「そんな現実はないのだ。すべては夢だ」

と言われても、簡単に同意できまい。そのためであろう。『荘子』の中には、こんな一節がある。


荘子の妻が死んだ。恵子《けいし》（恵施《けいし》）が弔問した。荘子は両足をなげ出してすわり、酒がめを打ってリズムを取りながら歌をうたっていた。恵子は言った。

「亡くなった奥さんは、長いあいだ、君と暮らしをともにしてきた人ではないか。その人が亡くなったのに、哭礼《こくれい》をささげもせず、酒がめをたたいて歌をうたうとは、ずいぶんと不謹慎ではないか」

「いや、そうではない。あいつに死なれたときは、私だって人並みにがっくりきたよ。だがね、よくよく考えてみたんだ。ずっとさかのぼれば、この世の中に、もともと私の妻という人間の命《いのち》なんてなかったわけだし、そればかりでなく、私の妻という人間そのもののかたちもなかったわけだし、私の妻という『人間というかたち』をかたちづくる『何ものか』さえもなかったはずだ。それがいつの間にか、ぼやぁっとまじり、変化して『何ものか』になり、その『何ものか』がかたまって私の妻の肉体になり、そこに命が生まれた。そして、妻は、その命のままに生き、そして死んだ。

この一連の変化は、たとえば、黙っていても正確にくりかえされる春夏秋冬の四季の変化と同じく、あたりまえの変化なのではなかろうか。きっと妻は今ごろ、どこかの大きな休憩室で休んでいるのだ。それを私が、いくら礼儀だからといって、わぁわぁと泣き声をあげて騒いだら、自然の変化の法則をさまたげてしまうのではないだろうか。それで哭礼なんてことは、やめたのだよ」（至楽篇《しらくへん》）

荘子自身が、悲しみの立場に立って、それを克服する論理を展開している。この至楽篇は、荘子の著述ではなく、その学問をつぐ、いわば「荘子学派」の手になるものと考えられているが、荘子その人を濃厚に反映すると言われる養生主篇《ようせいしゅへん》にも、似たような話が老聃《ろうたん》（老子）の葬式のときに舞台を置いて記されている。

さらに荘子は、「無限大」の概念を持ち出し、その前には、すべてのものがないに等しくなるという方向に論をすすめたと考えられる。「無限大」は当時の言葉で「至《し》大《だい》」。ただし荘子その人のオリジナルではなく、今の話に登場した恵子（恵施）の提示したものらしいことが、『荘子』天下篇《てんかへん》を読むとわかる。これからご紹介する『荘子』秋水篇《しゅうすい》は、やはり荘子の直接の著述ではないが、荘子の論旨を忠実に解説しようとしていると評されている。長いので、後半は省略する。

秋になって川の水がみなぎりあふれ、川という川が大海にそそぐ。その流れは強く大きく、両岸をはさんで、向こう側にいるのが牛なのか馬なのか、わからぬほどであった。そのためか、黄河《こうが》の神の河伯《かはく》もすこぶるご満悦で、天下じゅうのものを征服した気になっていた。ところが、東に東にと流れて行き、北海《ほっかい》（今の渤海《ぼっかい》）に至って、見わたしたところ、水面のはてが見えない。河伯は首をまわして、もう一度見わたすと、驚きのあまり、ぼうっとしながら、北海の神である北海《ほっかい》若《じゃく》に言うのだった。

「人間どもが、『道を百回聞いただけで、すべてを悟ったつもりの愚か者』と言いますが、私のことでした。孔子の博識を軽蔑《けいべつ》したり、周の武王《ぶおう》の武力行為を諫《いさ》め、やがて首陽山《しゅようざん》で餓死した伯夷《はくい》*7の行ないをばかにする者がいたりしても、そういう者たちのほうを愚か者であると信じていたのです。

今、私はこの目で、無限の広がりを持つあなたを見て、愕然《がくぜん》といたしました。私はあなたにお会いしなかったら、愚かなままでした。本当の知識を持つ人の笑いものとなっていたことでしょう」

「井戸の底から空を見あげている蛙《かえる》に、海の話が理解できないのは、狭い範囲に限定されているためであり、夏の虫に氷の話が理解できないのは、夏のあいだしか生きていないためである。そして、へんな癖のついた知識人には、真の道を語れないのは、彼が自分の受けた教えにとらわれているからである。今、お前は崖《がけ》のあいだの世界から抜け出て大海を観《み》、自分の醜さを知った。お前とならば、天下の道理の話ができそうだ。天下の水は、海が最大のものであり、すべての川は海にそそぎこみ、そして、いつまでも、そそぎこみつづけているが、海があふれて、こぼれるときはない。海の底にある穴から水が流れつづけているが、海は干あがらない。春と秋で水量が変わらず、洪水や日照りの影響も受けない。海が黄河やもろもろの川よりも上の存在であることは、数量で表すことが不可能である。

しかし、私は一度も、『私はすごいぞ』と誇ったことがない。なぜならば、私は『無限の広がり』などではなく、天と地のあいだにその姿を浮かべ、陰陽《いんよう》の気を受けて存在しているだけのものにすぎぬからだ。たとえてみれば、泰山《たいざん》＊8という山の一個の小石か、小さな木程度でしかあるまい。天と地のあいだでは、きっと私など卑しく小さい存在にちがいない。だから、自分で誇ることをしないのだ。

私以外の東海《とうかい》、南海《なんかい》、西海《さいかい》も、その大きさを天地と比べれば大きな沢の巻貝の穴くらいのものであろう。こうした、私をふくめた四つの海に囲まれた陸地など、ヒエの一粒が大きな倉庫の中にある程度であろう。よく『万物《ばんぶつ》』という言い方をするが、人間はそのうちのたった一つであるから、『万物』を一頭の馬とすると、細いひと筋の毛にすぎまい。

その人間が九つの大きな区画（九州《きゅうしゅう》）に群がっているが、穀物の取れる場所や交通の便《べん》のよい場所は、全体の中でほんのわずかである。そのわずかな中で、黄《こう》帝《てい》・顓頊《せんぎょく》・帝嚳《ていこく》・堯《ぎょう》・舜《しゅん》＊9が交代しながら世を治め、夏《か》の禹王《うおう》、殷《いん》の湯王《とうおう》、周の武王が、順に王朝を興《おこ》してきた。やがて仁者《じんしゃ》は世の乱れを憂えて天下に教えを広め、そして、おのれの能力を自負する者が大功を立てようと苦労をかさねたりしているわけだが、全体で言っても、海に比べたらちっぽけきわまりない大きさの土地の上で、そんなことをしているのだ。

お前がさきほど例にあげた伯夷は、このちっぽけな範囲の中で、兄弟と位を譲りあったり、首陽山で餓死したりし、孔子も博識をたたえられたというわけだ。彼らが自分を誇ったとすれば、まさにお前がさきほどまで自分を誇っていた姿とそっくりである」

「では、天地こそ無限に大きなもので、細い毛の先端こそ無限に小さいものと考えればよいのでしょうか」

「そうではない。物《もの》の量ははかり知れず（無限大）、時の流れも止まることはない（こちらも無限）。与えられる分限《ぶんげん》は一定の量があるわけでなく、はじめと終わりも、その物によってそれぞれ違っている。それゆえ、大いなる知恵は、遠近などの区別を設けずに、物事を達観するのだ。小さいからといって価値がないのではなく、大きいから偉いというわけでもない。無限の量からみれば、大小の差は問題にならぬ（数学的に言えば、無限大で割れば、何でもゼロになる）。昔だの今だのということは超越している。

太古の昔のことであっても、悶《もだ》えて髪をかきむしることはなく、最近のことであっても、勢いこみすぎたりしない。時の流れの無限からすれば、ない（ゼロ）にひとしい一瞬のことであるのを知っているからである。豊かに繁栄することと、がらんと虚《むな》しくなることについても明察している。物の量の無限からすれば、得たとしても喜ばず、失ったとしても憂える必要はない。いずれも無限の物量からすれば、ない（ゼロ）にひとしい程度の一瞬の変化にすぎないからである。さらに、人間の平らかな道を見ぬいている。

だから、生きていても喜ばず、死んでも災難とは思わない。人生の始終が永遠不滅のものでないことを知っているからである。人間の知っていることは、知らないことよりずっと少ない。人間の生きている時間は、生まれるまでの長い時間に比べたら、ほんのわずかの時間である。そんな無限小のような存在の人間が、無限大の領域を窮めようと欲求している。わけがわからなくなって、何も得られない結果に終わるがオチである。以上のことですでに明白だと思うが、お前が言ったような、細い毛の先端では、無限小とはできぬし、まして、天地という程度

では無限大とはできぬ」（以下略）

たしかに無限大を持ちだすと、その前にはすべてゼロになる。一も五兆も、無限大で割れば、どちらもゼロである。荘子がこういう数学的なことを、どこまで考えていたかわからないが、自分の貧窮や不遇や不幸を嘆く人にとって、なぐさめとなる論法ではあったろう。

しかし、その「なぐさめ」は場合によっては、「どうせ無《む》（ゼロ）なんだし、この世は夢なんだ。すべてをあきらめてしまいなよ」になるであろう。「すべてを達観する」というと聞こえはよいが、それは「すべてを諦観《ていかん》する（あきらめる）」に、いつでもすりかわる可能性がある。それに、向上心、あるいはそれに欲望が少し加味された「上昇志向」の持ち主は、自分がこういった「無限大」によって「無」にされてしまう（無化《むか》という）のを喜ぶまい。まして、自分が上級の地位にある者は、不快感を隠せまい。今まで懸命に努力して――その努力がどこかに邪意《じゃい》を含んでいたかどうかについては、この際はおこう――現在の地位までのぼってきたわけだから、快いはずがあるまい。やはり、弱い立場にある者への「なぐさめ」としての機能を持っていると言えよう。

生命への賛歌

さらに荘子は別の寓話を通して、一般には「弱い立場にある」とされる者への賛歌をうたうのである。

魯《ろ》の哀公《あいこう》（前四九四—前四六八在位）が孔子にたずねた。

「衛《えい》の国に醜男《ぶおとこ》がいて、名を哀駘它《あいたいだ》という。外形的には魅力があるとは思えんのに、男は彼といっしょに時をすごすと、はなれがたく思い、女は彼の姿を見ると、自分の父母に、

『誰かの妻になるより、愛人でもいいからあの人といっしょにいたい』

と願い、しかもそれが十人や二十人にではなく、三桁《けた》におよばんとしているそうだ。ところが、彼は他人に向かって何かいいことを言ったりしているわけでもなく、他人の言うことを、うなずきながら聞いているだけだ（この部分、孔子の愛《まな》弟子顔回《がんかい》の描写と似ている）。君主として人々の上に立ち、人々を餓死や戦死から救ってやるわけでもなく、自分の得た金で人に食べものをふるまってやるわけでもない。そして、外形はといえば、あきれるほど醜いというのだ。

うなずくだけで自分を主張せず、知識のおよぶ範囲も、住んでいる村の外へは出ず、それなのに、男も女も、彼に慕い寄る。絶対に普通の人間であるはずがな

い。そう思った私は、彼を召し寄せてみた。実際、外形は驚くほど醜かった。しかし、数か月いっしょにいると、なぜか彼に心をひかれはじめた。丸一年たたぬうちに、彼を心から信じられるようになった。ちょうど政務をとりしきる者が欠けていたので、私は彼に国政をゆだねようとした。しかし、彼の態度はあいまいで、やる気があるのかないのか、よくわからない。そこで私は思いきって、国政をゆだねた。

彼はすぐにプイとどこかへ去ってしまった。私は、がっかりしてしまい、心の中にポッカリ穴があいたような気がして、実際の彼は政務をとらないに等しかったのに、ともに国政を楽しむ者がなくなったかのように思った。彼はいったいどういう人間なのであろうか」

「私は、以前、楚に使者として出向きました。たまたま道ばたに、子豚が母豚の死骸《しがい》に群れて、乳を吸っているのを目撃いたしました。やがて、子豚たちは、何事かに驚いたように、いっせいに散っていきました。自分がちっともかわいがってもらえず、母豚がそれまでの母豚とは全く違ったものになってしまったことに気づいたのです。ここからわかりますことは、子豚が愛していたのは、母豚の外形ではなく、母豚を母豚にしていたもの、『生命』のほうなのでありましょう。（中略）健康な者は、外形がきちんと整っているからといって、その与えられた

『生命』という徳を大事にすることを忘れてはなりません。同様にましても、その『生命』という徳を完全なものとしてさずけられた者も、同様にましても、その徳をまっとうしなくてはいけません。哀駘它の場合、何も言わないのに信頼され、功績もないのに親しまれ、公《こう》に国政をゆだねてその任をまっとうしてくれないのを心配させました。必ずや彼の内面には、完全なる才能と『生命』の輝きがあり、それは外には出ませんけれども、内面から人を魅了してやまないのでありましょう」（徳充符篇《とくじゅうふへん》）

「人間の価値は外形にあるのでない」という宣言のような寓話である。このあたりが儒家の言いぶんとズレのあるところで、たとえば「礼《れい》」のように、「内面を外側にも表現せよ」が儒家にはともなう。私たちの日常生活の中にも、

「人間は顔ではない」

「外側で人間を判断してはいけない」

とする立場がある。「能《のう》あるタカは爪《つめ》をかくす」の諺《ことわざ》も、こちらの系統だろう。しかし、その一方で、

「いくらなんでも、もうちょっときちんとした服装をしたらどうですか。人間は中身かもしれないけれど、そんなだらしのないかっこうをしていたら、『無神経で、他人

の不快感を思いやらないという中身なのだ』と思われても、知りませんよ」という立場もある。なるほど、こちらにも一理ありそうだ。唐《とう》の時代は、建国者の姓が李《り》であったので、李耳《りじ》（老子《ろうし》）が尊ばれた。その老子の系統の荘子の言うことも尊重されたはずだが、唐の科挙《かきょ》（官吏《かんり》登用試験）のうちには、「身《しん》・言《げん》・書《しょ》・判《はん》（肉体的見ばえ、言語、字がうまいこと、文章がすぐれていること）」の四つがあった。「中身も大事だが、外づらも大事」なのである。

どこに中心をおくか

荘子の立場が、弱い者に（上昇志向を持ちようがない普通の人々をも含む）まなざしを向けるものであり、その「なぐさめ」にあたる思想であるという面を、ぬぐいがたく持っていて、しかし、「あきらめ」にすりかわる可能性があると述べたが、別の危険性も含み持つことに触れておきたい。

無限大の前には、すべてがゼロになる。すると、たとえば、こういうことが言われた場合どうなるか。我が国の歌謡集『閑吟集《かんぎんしゅう》』[*10]（一五一八年成立）に、

何しょうぞ、くすんで。
一期《いちご》は夢よ、ただ狂え。

とある。荘子の言うように、人生などは夢だ。どうせ夢なら、快楽に身をまかせてしまおう。そのようにまじめくさってばかりいて、どうするつもりだ、という意味である。

荘子は道徳や規律をやかましく唱える立場ではなく、乱世に苦しむ人々の側に立って、力をふるう存在を論理的に否定し、しかも、同時にほかの立場（儒家など）も、論理的に打破しえたかもしれない。そして、哀駘它の話のように、人間の内なる「生命の輝き」に対する賛歌をうたいあげていた。しかし、その「生命の輝き」自体が、ブレーキのきかぬ踊りをはじめたとき、どう対処すればよいのか。

「どうせ、おれたちには、いい未来なんかない。だとしたら、楽しめるだけ楽しもうぜ」

と暴れる人間がいたら、どうするのか。

このとき、『荘子』は、やはり論理的に荘子の言うことがわかり、その論理が存在することを認めうる知識人を読者として想定していることが知られよう。皮肉なことだが、荘子の言うことに対して、ムッとするような、「上昇志向のある知識人」でないと、さきほどの快楽追求の発想にブレーキがかからないのではなかったか。つまり、『荘子』という書物は、その内容にムッとする読者を最良の読者とする面があった。現に今、快楽を追求してしまっている人に、荘子の論理をぶつけても、快楽の追求をやめることはあるまい。

「どうせ夢なら、このまま行くぜ」

となるのがオチであろう。

「上昇志向」を持つ人間とは、現在、覇者の地位を争っている諸侯がその筆頭である。となると、荘子が登場し、そういう人々を頂点とする知識人に対してその論理をぶつけるには、最も良い時代であったのかもしれない。たとえムッとされても、その論理が、卓越した思想によるものであることは、しぶしぶながらにでも認められるであろうから。これが天下太平の時代であったら、知識人の「精神の遊びとなぐさめ」の面を強くしてしまうことになるだろう。

中江藤樹《なかえとうじゅ》[*11]（一六〇八―一六四八）は、『翁問答《おきなもんどう》』巻四で、荘子を「広大なところは悟っているが、精微で緻密《ちみつ》な境地には達していないで、いささか道をはずれている者（狂者《きょうしゃ》）」の一人に数えあげ、

堯《ぎょう》・舜《しゅん》や孔子の光が、正午の太陽のように輝いていた時代には、「狂者」が教えを開いても、真昼の星のようなもので、その教えを受容する人はいなかったので、「狂者」も教えようがないから、教えを立てなかった。だから、その当時の教え

は伝わっていないのである。しかし、すでに聖人の太陽光が隠れ、闇《やみ》の夜となってしまった戦国時代に出現した荘子は、その「狂者」の見解をたくましく披露《ひろう》し、人に教え、書物を著して、中国の「狂者」の教えのはじめとなった。(直訳でなく大意)

と述べている。今から二百五十年も前に、荘子の思想と時代との関係をとらえた発言がなされている。こういう意味からすれば、荘子も「時代の子」であったと言えよう。

政治的関心は

上昇志向を持つ者が、『荘子』の中心の読者とすれば、それは当時にあって、政治の現場にいた者、もしくはこれから政治に参加せんとしている政治家予備軍が読者であることを意味する。では、荘子はどういうふうな政治観を持っていたのであろうか。「無限大」の前には、政治とてゼロのはずだから、彼が熱心に政治を語るわけはない。

任《じん》という国の若殿が、大きな釣針と太い釣糸をつくって、五十頭の去勢した牛をえさにし、会稽山《かいけいざん》に腰をおろし、東海で釣をした。毎日獲物がかかるのを待ちつづけたが、一年たっても何も釣れない。

しかし、ある日、グッと引きが来て、釣針が海中で引っぱっていかれた。大魚は一度深くもぐったが、やがて水面に浮かび、ビチビチと背びれを振りうごかした。山のような白波が起こり、海は揺れた。大魚のうなり声は鬼神のようで、千里四方の人々を驚かした。任の国の若殿は大魚を捕らえ、刻んで乾《ほ》し肉をつくった。広大な地域の人々が、このおかげで全員腹いっぱいになった。（外物篇《がいぶつへん》）

こざかしい知恵でなく、国を動かすのは、これくらいのスケールで考えろ、ということである。荘子自身の著ではなく、のちの荘子学派の人の書いたものであると考えられており、荘子自身の主張とズレがある。本当のところを言うと、ズレがあるから、「これは荘子自身のものではなく、荘子学派の書いたものであろう」と判断した、これが、順序としては先なのである。以下には、有名な寓話をご紹介しつつ、その寓話の意味を見てゆくことにしよう。

朝三暮四

サルまわしの親方が、サルたちにトチの実を与えるにあたり、

「朝三個、夕方四個ずつにしよう」

と言ったところ、サルたちは怒った。

「では、朝四個、夕方三個にしよう」

サルたちはみんな喜んだ。実質はどちらも一日七個、朝と夕方を入れかえただけだから、名目も同じと言ってよいようなものであるのに、「善い」とか「悪い」とかの評価が行なわれる。本当の正しさに従うべきである。聖人は「善い」と「悪い」を超えた調和をめざし、本当の釣合いを求める。これを「どちらもうまくゆく(両行《りょうこう》)」というのである。（斉物論篇）

この話は、現代の私たちにも思い当たる問題である。単に、朝の個数が多く提示されただけで喜ぶのを、いわゆる「猿知恵」として軽んじるわけにはいかない。たとえば、「減税を先に行なって、それから増税しよう」と言われると、

「まぁ、しかたないか」

ともなるが、「増税を先に行なって、それから減税しよう」だと、がまんできにくいのではないか。

この話に似て、こざかしい人間の知恵を超えたところに、本当の「何ものか」があることを喩《たと》えた寓話がある。

薄い影（光のかげんで影より薄い影が見える、その影）が、影本体に言った。

「さっきあなたは歩き、今は止まっている。かと思うと座り、また立った。こちらはついてゆくのが大変ですよ。どうしてじっとしていないんですか」

「さてね、君が私に依存しているように、私も何かに依存しているために、そうなるかもしれないな。だが、私が依存しているものがあるにしても、そのものもまた別の何かに依存しているのかもしれない。私が根本的に依存しているのは、私と同じように地面を移動する蛇の腹のウロコや、私と同じようにパッと木にうつる蟬《せみ》の羽ではないらしい。どうしてこうなるのかわからないし、どうしてこうならないときがあるのかもわからないな」

（斉物論篇）


自分が依存するもの、逆に言えば、自分を動かす（あやつる）ものの存在を考えはじめ、考えつづけるとキリがないという、例の論法である。「自分をあやつるもの」をあやつるもの、それをあやつるもの、またさらにそれをあやつるもの……となっていく。物事は目の前の、目に見えるものを原因として動くのではなく、「何らかのもの」が根本的にあやつっているらしい。しかし、これは人間が直観・感覚することはあっても、実証できないものである。

しかし、その「何ものか」は、「胡蝶の夢の寓話」に触れた際、デカルトと考えあわせて、「何ものか在り」までは言えることを確認した。そして、荘子も、どうやらこの「何ものか」があるということは、否定しないようである。そのことは、この寓話が示していると言えよう。そして、これを理解する道筋を、次のような寓話に託している。

坐忘《ざぼう》

顔回《がんかい》が言った。

「私は、学問がすすみました」

孔子が言った。

「どういうことか」

「私は、仁《じん》と義《ぎ》を忘れました」

「それはよいが、まだまだだな」

後日、顔回が、また言った。

「私は学問がすすみました」

「どういうことか」

「私は礼《れい》と音楽を忘れました」

「それはよいが、まだまだだ」

その後日、顔回が、また言った。

「私は学問がすすみました」

「どういうことか」

「私は坐《ざ》忘《ぼう》いたしました」

孔子は居ずまいを正し、

「坐忘とは、どういうことか」

とたずねた。

「肉体の存在を忘れ、聡明《そうめい》さを失い、形をはなれ、知恵を捨て去り、大いなる道と一体化しました。これを坐忘と申し上げました」

「大いなる道と一体化したのであれば、それについて私が善し悪しを述べる必要はない。道と一体化して変化するのであれば、一定のところに一定のものとしてとどまることはなくなる。お前を賢者というような俗なことばで呼んでいいか、わからないが、私はお前のあとにくっついて、教えを頂戴《ちょうだい》することにしよう」

（大宗師《だいそうし》篇《へん》）

孔子と顔回に、自分の主張を語らせている。ここで顔回は、どんどん忘れて行く姿を示し、ついに「道」と一体化する。このコースは、老子と同じ道筋である。これを寓話に持ちこんでいるということは、その道筋を肯定していることにほかならない。それゆえ、司馬遷は『史記』荘子伝で、「要点は老子の言うところに帰着するものであった」と記しているのだろう。

荘子は、その論理としては、老子の「道《みち》（無・万物の母）」をも否定し、「何もないのだ」というところまで勢いこんでみせたが、結局それは「論理としての論理」であり、どうやら「何ものか」の存在を否定することはなく、老子の言うところの「道」との一体化をも、ここで描いている。司馬遷という人は、やはりたいした人物であったと思う。

最終的に荘子は、老子の路線上に位置している。しかし、老子以上に、弱者へのまなざしがあり、弱者を肯定し、あるいは弱者の中にこそ真実の「道」があることを強調し、よりいっそうの人間愛が感じられるものであった。

その「なぐさめ」の言葉ともなる人間観・世界観は、乱世にあっては、より必要とされたはずである。だが、「なぐさめ」を「あきらめ」としたり、刹那《せつな》的な快楽主義と受けとめたりしないですむのは、『荘子』の書を読んでムッとするような「上昇志向」のある知識人である、との皮肉もあった。ただ、荘子は老子と違い、自分で自分に、「わかっている人間はべらべらとしゃべらない」などと手枷足枷《てかせあしかせ》をはめたりしなかったぶん、自由に寓話を駆使して、おのれの主張を暗示しえたのであった。

ある人は、『老子』のボソボソとした言葉つきに重みと真実味を感じ、『荘子』の見事な文章と多弁に軽薄を感じよう。しかし、別の人は、『老子』には、訳のわからなさと説明不足を感じ、『荘子』には、論理の明晰《めいせき》と回転のはやい頭脳を感じるであろう。そして、

「『老子』のほうが好きだ」

と言ったり、

「『荘子』のほうがいい」


と評したりするであろうが、ご注意あれ。そのような好ききらいの判断は、老子と荘子のいずれからも否定されてしまうはずの概念である。

さて、司馬遷の『史記』によれば、荘子（荘周）は、梁（魏）の恵王（前三七〇―前三三五在位）や斉の宣王（前三四二―前三二四在位）と同時代の人物であったという。

このころには、有力な諸侯はひと通り並び立ち、やがてその中から、さらに有力な者がしぼられてゆくという道をすすみはじめていた。いわゆる「戦国《せんごく》の七雄《しちゆう》」と呼ばれる秦《しん》・楚《そ》・燕《えん》・斉《せい》・韓《かん》・魏《ぎ》（梁《りよう》）・趙《ちよう》である。

なかでも、秦が強力で、孝公《こうこう》の即位（前三六一）後、法家《ほうか》の衛鞅《えいおう》（商君《しようくん》）を登用し、

行政の改革を推しすすめ、国力を増大した。

そのころ、荘子が登場し、周王朝の権威はさらに没落する一方であるという時代環境であった。荘子は魏（梁）の出身で、恵王の時代にかさなる。

その恵王のもとへ、さきほどの、孔子と顔回が演じる「坐忘」の寓話で、顔回によってまっ先に忘れられた「仁」と「義」とをひっさげ、千里の道をものともせずにやってきた人物がいた。——孟子である。

＊1　梁（魏）の恵王……中国戦国時代の魏の第三代王。周辺諸国としばしば争い、斉との戦争で孫臏《そんぴん》によって馬陵《ばりょう》で敗れる。秦の東方進出に備えるため、都を山西省の安邑《あんゆう》から河南省の大梁《たいりょう》に移したことから、魏は梁とも呼ばれた。その後、国勢を立て直すため、孟子など多くの賢者を招いたといわれる。

＊2　斉の宣王……中国戦国時代の斉の第五代王。前三一四年、燕《えん》を破って、蘇秦《そしん》の合縦策《がっしょうさく》による連合で、中国東部で最強国となる。斉の都の臨淄《りんし》は文化の中心地として栄え、数千人におよぶ学者を稷門《しょくもん》という城門のそばの邸宅街に集め、学説を議論させた。これは「稷下の学」として知られている。

＊3　我思う、ゆえに我在り……近代ヨーロッパ哲学を開いたとされる、デカルトの

有名な「哲学の第一原理」。『方法序説』第四部で、次のように述べられている。「かつて私の心のうちにはいってきた一切のものは夢に見る幻影とひとしく真ではないと仮定しようと決心した。けれどもそう決心するや否や、私がそんなふうに一切を虚偽であると考えようと欲するかぎり、そのように考えている『私』は必然的に何ものかであらねばならぬことに気づいた。そうして『私は考える、それ故に私は在る』というこの真理がきわめて堅固であり、きわめて確実であって、懐疑論者らの無法きわまる仮定をことごとく束ねてかかってもこれを揺るがすことのできないのを見て、これを私の探求しつつあった哲学の第一原理として、ためらうことなく受けとることができる、と私は判断した」（岩波文庫、落合太郎訳）

＊4　齧缺・王倪……『荘子』天地篇によれば、中国伝説の帝王の一人である堯《ぎょう》の先生が許由《きょゆう》で、許由の先生が齧缺、齧缺の先生が王倪という関係になるという。いずれも、架空の人物といわれる。

＊5　毛嬙……古代の美女として有名で、毛嬙は越王の姫、あるいは宋の平公の夫人ではないかとされる。

＊6　『戦国策』……前漢末に劉向《りゅうきょう》が、戦国時代に諸国を遊説した縦横家の政策を、国別に集めて編纂した書。全三十三巻。

＊7　伯夷……殷《いん》末周初の時代に活躍したとされる人物。孤竹《こちく》国の国君の子で、国君の後継者という地位を弟の叔斉《しゅくせい》と譲り合ってともに国を去り、周に行った。のちに周の武王が殷の暴君・紂《ちゅう》王を討って周を興そうとしたとき、臣が君を殺害するのは人の道に反すると諫言《かんげん》したが聞き入れられなかったため、首陽山に隠《いん》棲《せい》し、やがて餓死したといわれる。

＊8　泰山……中国山東省の中部にある、標高一五二四メートルの中国五岳の一つに数えられる名山。秦・漢時代から皇帝が天地の神を祭る儀式を行なったところで、皇帝廟など古跡が多い。

＊9　黄帝・顓頊・帝嚳・堯・舜……五帝《ごてい》といわれる古代中国の五人の聖君。

＊10　『閑吟集』……一五一八（永正十五）年に成った、室町時代に流行した小歌など三百十一編を集めた歌謡集。編者は不詳だが、駿河《するが》に住んだ連歌師の柴屋軒宗長《さいおくけんそうちょう》ともいわれている。当時の民衆の心境を口語体であらわした歌が多い。

＊11　中江藤樹『翁問答』……中江藤樹は江戸時代前期の儒学者で、はじめは朱子学をもとに孝の徳を重んじた全孝説を唱えたが、のちに知行合一の陽明学に転換し、人間の平等を強調して「近江《おうみ》聖人」とたたえられた。『翁問答』は前期の朱子学時代のもので、孝行を中心に道徳を問答形式でわかりやすく述べた書。

孟子の思想

孟子《もうし》（孟先生の意）が梁《りょう》の恵王《けいおう》に面会した。恵王は、

「老先生は、ここまで千里の道を遠いものともせずにおこしになった。その苦労も路銀《ろぎん》（旅費）も大変でありましたろう。さぞかし、私が高い値段で買いたくなるような、我が国にとっての『うまい話』を持ってこられたのでしょうな」

と言った。これに対し、孟先生はこう言われた。

「王よ、『うまい』とか『うまくない』とか、利益の話はおやめくだされ。わたくしは、仁義《じんぎ》について申しあげるために来たのです。王が、『我が国にとって、うまい話はないか』と言うならば、大夫《たいふ》（家臣）は、『我が家《いえ》にとって、うまい話はないか』と言うでありましょうし、士《し》（知識人）から庶民まで、『我が身にとって、うまい話はないか』と言い出し、おのれの利益ばかりを追求する風潮になって、国は危なくなります。

兵車《へいしゃ》（当時の戦車）を一万台有《ゆう》する帝王を倒すのは、規定上では兵車千台を有する諸侯でありましょうし、その諸侯を倒すのは、規定では兵車百台の大夫のはずであります。全体で一万台のうちの千台、千台のうちの百台を取れば、かなり

の比率です。ところが、おのれの利益だけを追求する精神状態になりますと、そんな程度では足りない、と自分より上の地位を奪わねば満足しなくなります。ちょっとでも義をあとまわしにして、利《り》のほうを優先させれば、こうなるに決まっているのであります。しかし、仁を優先すれば、自分の親を顧みずに利に走る者はいません。義を優先すれば、その主君を軽んじて利に走る者はいません。仁義あるのみです。王よ、利益のことをいちばん先に口にされてはなりません」

（『孟子』梁恵王篇《りょうのけいおうへん》・上）

今までの孔子《こうし》、老子《ろうし》、荘子《そうし》とは、がらりと趣《おもむ》きが違うという印象がある。「弁舌の士」とか「論客」とかいった言葉が、とっさに思い浮かぶ。『荘子』の中にも、王侯との対話は描かれているが、それは寓言《ぐうげん》、架空の喩《たと》え話であった。

しかし、『孟子』の場合は、実際の対話の記録である。その場の緊張感がそのまま書きとどめられた迫力がある。もちろん、実際の対話と一字一句たがわぬ記録ではあるまいが、臨場感があふれている。

しかし、孟子は自分が「弁舌の士」と評されることを望んでいなかったようだ（まんざら悪い気はしなかったろうが）。弟子と次のようなやりとりをしている。

公都子《こうとし》が言った。

「世間では、先生は弁をふるうのがお好きだと評判しております。あえて質問させていただきます。なぜでありますか」

「私は別に弁舌が好きなのではない。やむを得ないから、弁舌をふるっているのだ」（以下略）（滕文公篇《とうのぶんこうへん》・下）

そして、なぜやむを得ないのかというと、世の中が乱れ、種々の異見《いけん》を持つ者たちが、自分の策《さく》を売りこむため、天下に広めるために弁舌をふるっているので、それらを論破して、正しい道を広めなければならないからだ、と答えるのである。その「種々の異見を持つ者たち」の中で、孟子がここで取りあげているのは、楊朱《ようしゅ》と墨子《ぼくし》である。言わば孟子のライバル（もし「利」から言うなら、商売敵）である。本書の「百家小伝」でも解説するので、簡単に触れておこう。

楊朱と墨子

孟子の言うところによると楊朱と墨翟《ぼくてき》（墨子）の考え方は、当時の天下に充満している。楊朱は、「すべて我が為《ため》にする」個人主義・利己主義であり、そのために、「主君がいて家臣がいて、それらにおだやかに治められる人々がいる」という天下の秩序はぶちこわしになってしまう。墨子のほうは、「兼愛《けんあい》」といって、すべてを平等に愛するというが、たとえば自分の妻も他人の妻も同様に愛するとどうなるか。自分の父も他人の父も同様に愛するとどうなるか。人倫の秩序はぶちこわしになるだろう。だから、どちらの考え方も、耳で聞いているぶんには快いかもしれないが、そのもたらす結果はむちゃくちゃだ——と孟子は言う。

また、『孟子』の尽心篇《じんしんへん》・上には、こう見える。

楊朱は「我が為《ため》にする」利己主義者で、毛を一本抜けば、天下のためになる（ここで『天下を利する』と利の字が使われている）としても、やらない。墨子は「兼愛」だ。頭のてっぺんから、かかとまで、自分を擦《すり》へらすとしても、天下のためになるのであれば、やる。どちらも極端すぎるのだ。（以下略）

時代はずっとおくれて魏晋《ぎしん》の時代にまとめられたのではないかとさえ考えられている『列子《れっし》』の中に楊朱篇があり、こんなことが記されている。

楊朱が言った。

「人間の寿命は、普通百歳が限度で、百歳まで生きるのは、千人に一人もいない。

その百歳まで生きる人にしても、赤ん坊のときと、老いさらばえてしまい、満足に活躍できない時間をあわせて引き算すると、半分くらいの時間しか残るまい。さらに、夜眠っている時間と、昼でも無駄にすごしてしまう時間をあわせて、また引き算をすると、また半減してしまい、二十五年程度しか残らぬ。さらに、病気のとき、何かの痛みで動けぬとき、悲しんだり、苦悩したり、ぼうっとしている時間、これらをあわせて、引き算すると、十何年かしか残らない。その十何年かのあいだで、本当にくつろいで、安らかで、楽しい時間といったら、三か月ぐらいのものではないか。生きているあいだに、せいぜい楽しむことだよ」

これは、荘子のところで、『閑吟集《かんぎんしゅう》』の「一期《いちご》は夢よ、ただ狂え」を引いて述べたことだが、荘子の主張も、受けとりようによっては、快楽主義に陥る危険性があるものだった。『列子』での楊朱は、はっきりとその姿をしている。孟子の当時に、天下に充満した楊朱の思想が、はたして今見た『列子』と同じ姿をしていたかどうかは、わからない。あるいは違うのかもしれない。

しかし、荘子の場合は、あくまでも「受けとりようによっては、そうなる」のに対し、楊朱の場合は、「毛の一本も、他人のためには抜かない」のであるから、そのままの延長線上に、この快楽主義が位置することになりそうである。

だが、そう簡単でもない。自分だけ快楽にふけろうとしても、まわりじゅうの人もそれぞれ利己主義者であったら、自分の快楽のために奉仕してはくれまい。快楽主義は自分に快楽を与えてくれるものの存在なしには成立しない。

徹底した利己主義が実現してしまうと、その瞬間（それと同時に）、利己主義は行き詰まってしまうことになる。他者に奉仕する者がいなくなるからだ。孟子は別にそうした論理的な側面から、楊朱の説を否定したのではなく、あくまでも、それがもたらす結果の悪さから、非難をしているようだ。

孔子の後継者

さて、さきほどの、「弁舌は、やむを得ないからふるう」という部分の、省略をしたところに、

楊朱と墨子の勢いがやまなければ、孔子の道は明らかにならない。民衆が邪説にまどわされ、仁義への道をふさがれてしまうからである。

とある。孟子は、みずから自分が孔子の後継者であり、その道を（孟子の時代の）現在の中に実現するつもりであることを宣言しているのである。しかし、年代的に見

て、孟子は孔子の直接の弟子ではない。『史記《しき》』孟子伝を見てみよう。

孟軻《もうか》は鄒《すう》[*1]の出身で、子思《しし》[*2]の門人に学問を習った。一人前の学識を身に付け、斉《せい》の宣王《せんのう》（前三四二—前三二四在位）のもとへ遊説《ゆうぜい》し、しばらく身を寄せた。しかし、宣王は結局、孟子を用いることができず、孟子は次に梁《りょう》（魏《ぎ》）に出かけた。梁の恵王は、孟子のいうことを実行にうつすことはなく、「あまりにも世情からかけはなれていて、現実にあてはまらぬ」と考えた。この当時、秦《しん》の国では商君《しょうくん》（商《しょう》鞅《おう》）を用いて富国強兵の道を突きすすみ、楚《そ》や梁（魏）では兵法家の呉起《ごき》を用い、戦争をしては勝利をかさねて相手国の力を奪った。

斉《せい》の威王《いおう》（前三七八—前三四三在位）・宣王《せんのう》（前出）は兵法家の孫臏《そんぴん》や名将田忌《でんき》を用いて強い力をふるったため、あちこちの諸侯は朝貢《ちょうこう》というかたちで斉を持ちあげ、へたに戦争をしないようにしていた。さらに、蘇秦《そしん》が合縦策《がっしょうさく》を提案して、韓《かん》・魏（梁）・趙《ちょう》・燕《えん》・楚・斉の六国が協力して秦《しん》を封じこめようとしたり、張《ちょう》儀《ぎ》は連衡策《れんこうさく》を提案し、他の六つの国に対し、それぞれが秦と手を組むようにしむけ、六つの国の連合を解体させたり、と軍事的衝突のみが各国の第一優先課題であった。

だから、戦争をうまく行なう人間が「賢者」とされたのである。それなのに、孟子は、堯《ぎょう》とか舜《しゅん》、夏《か》・殷《いん》・周《しゅう》（孟子の当時はまだ形式的につづいていた）の徳《とく》についで、堂々の主張を述べつづけた。そのため、どこへ行っても相手にされなかったのである。そこで、孟子は身をひき、弟子の万章《ばんしょう》＊3らと、『詩経《しきょう》』『書経《しょきょう》』の本文を整理し、孔子の主張を正しく伝えようと、七つの篇からなる『孟子』を著した。

途中で人物がつぎつぎに出てくるけれども、いずれも後の「百家小伝」において解説するので、ここでは、孟子の当時の世相が、ひたすら各諸侯の緊張状態がつづき、あちこちで戦闘が起こっていたことを、頭にいれておくにとどめよう。こういう、いわば「血で血を洗う」面があった時代だから、荘子は弱者に目を向け、その心の救いとなるような、「万物《ばんぶつ》は夢、無限大の前にはすべてはゼロ」という論理を主張した。そして、さきほど、孟子が攻撃した楊朱の利己主義と墨子の兼愛《けんあい》主義が流行していた。前者は、

「こんな時代だ。いつ巻きぞえをくらって死なねばならぬかもしれんのだ。生きているあいだは、せいぜい楽しまなくては」

という意味で流行し、後者は、

「いや、こんな時代だからこそ、お互いの生命の尊さを見つめあおう。殺し合いなど

やめよう」

という意味で流行していたのだろう。

こういう時代環境の中で、孟子は、孔子が追い求めた「理想の世の中」を、追求した。孔子の時代より、もっと激しい「生き残りのための戦い」がくりひろげられている時代に。司馬遷《しばせん》が記す通り、時代に合うわけがない。

さて、司馬遷は、孟子が子思《しし》の門人に学問を教わったとしている。子思は孔伋《こうきゅう》。孔子の孫である。しかし二十三篇からなる『子思子《ししし》』があったとの伝えがあるものの、現存しない。また『中庸《ちゅうよう》』の著者と考えられているが、それにも異議が唱えられている。

司馬遷は、本物の『子思子』を実際に読んで、子思と孟子とのあいだに似た点があるのを確認したうえで、「子思の門人に（直接、子思からとは言っていない）学問を習った」と記したのであろうか。

今、「か」を付けて記したのは、『子思子』を実際に読まなくても、別の資料から、孟子が子思の系統であることは、わかるのである。次の章で解説する『荀子《じゅんし》』非十二子《ひじゅうにし》篇に、こんな一節がある。

古《いにしえ》の聖王を模範とするが、社会を統制するすべを知らず、人格者ぶってゆったりとかまえているようでいながら、自己主張は強く、欲求は大きい。見聞はおおざっぱで深みに欠け、久しい昔はこうだった、と昔のことにかこつけて説《せつ》をなし、人間関係がどうのこうのと言いちらし、しかし、現実ばなれがひどくて仲間もおらず、結局世間からかくれて自分の世界にとじこもる。これでは、世間に向かって説く「説《せつ》」がないにひとしい。

それなのに、言葉を飾りたてて、もっともらしく持ちあげて尊敬を求め、「これが先君子《せんくんし》（孔子）の言葉である」と自称する。子思がこんなことをはじめ、孟《もう》軻《か》（孟子）がこれを継承した。世俗の愚かな儒者は、いろいろと騒ぎたてはするものの、彼らの説の非を知らず、「孔子と子游《しゅう》*4の道は、子思と孟子のおかげで、その尊さが明らかになったのだ」と思っている。そうではない。これは子思と孟軻の罪なのだ。

この「非十二子《ひじゅうにし》」とは、「十二子を非とす」の意で、当時の思想家十二人をヤリ玉にあげたものである。今日出版される本にも、ときたま、「ナントカをだめにした百人のナントカ」というような書名を見かけるが、それと似たようなものである。ずいぶん強い口調の非難だが、荀子の立場は、あとであらためて見るとして、この一節があれば、子思から孟子への系譜は書ける。孔子の孫・子思と孟子の活躍年代を調べ、直接の師弟関係がありえない年代差があれば、「子思の門人に」とあいだに何者かをはさんでおけば書けるわけである。

中庸と融通性

さて、さきほど楊朱と墨子の両方を極端すぎるとした尽心篇・上の省略した部分に、ここで触れておこう。

子莫《しばく》(どういう人か不明)は中道主義にこだわっている。それは正解に近いが、ただ中道をというだけで、さじ加減(融通性)を知らなければ、結局、一点にだけ執着していることと変わりがない。一点にだけ執着するのは、結局、道をそこなうことになる。その一点だけが良くても、あとの百が全部だめになってしまうからである。

中道主義(中《ちゅう》)とは、本来は両方を足して二で割るような機械的な「中」ではなく、ほど良さを備え、みんなが納得できる「中」で、融通性があるものである。この「中」こそ、子思が著したとされる『中庸』と通じるものである。こちらからも子思から孟子への系譜は書ける。

しかし、「融通性がある」とは、多種多様の物事に即応できる反面、「毎回、答えが違う」ことを意味するし、「多少のことには目をつぶろう」にもなるし、「自分の立場を巧みに表現できれば、話は通る」にもなってゆく。孟子自身にもこうした融通性があったので、弟子にも疑問が生じていた。


弟子の彭更《ほうこう》が質問した。

「先生は、うしろに数十台の車を従え、数百人の門弟を従えて、諸侯のあいだを渡り歩いては食べていらっしゃいます。ちょっと、ふんぞりかえりすぎではありませんか」

「正当な道によらないものは、弁当箱一つといえども、人から受けてはならん。正当な道によるのであれば、舜が堯から天下を受け取ったことさえ、驕《おご》りではない。私のどこに驕りがあると思うのか」

（滕文公篇・下）


読者各位は、孟子がこんな大集団を従えて遊説していたとは、想像されなかったことであろう。これが孟子の実態であった。

本章の冒頭で、梁（魏）の恵王の言葉を、「さぞかし旅費も大変でありましたろう」と訳したのは、孟子一行の大集団が移動していたことをふまえてである。

が、孟子は、正しい道にのっとり、正しい道を広めようとしているのだから、何のやましい点もない、と確信している。これだけの集団をしたがえていればこそ、諸侯は、

「何という信奉者の数だ。孟先生がこれだけ人々を魅《ひ》きつけるのには、何かあるに違いない。会って話が聞きたいものだ」

と思った——こういう一面もあったろう。それだけ孟子は——本人は弁舌で評価してくれるなと思っていたかもしれないが——弟子および弟子入り希望者に熱狂的に支持される弁舌をもって、熱っぽく、孔子の「理想」を語った人気遊説家であったのだろう。

諸侯はこの売れっ子遊説家を客人（国賓《こくひん》とも言えよう）として待遇し、話を聞き、顧問料と言うかコンサルタント料と言うか、当時そういう言葉があったわけではないけれども、かなりの金額を渡したのであろう。

その一方で、『孟子』の中の何か所かに、弟子からどうして諸侯に会いに行かず、相手をえりごのみしているのか問われる孟子の姿がある。このへんに、孟子の、弟子からはうかがい知れぬ「融通性」があったのであろう。いかにも、他人の目から見れば、

「このあいだは融通をきかしたのに、なぜ今度は融通をきかそうとしないのか」

と疑問に思われる場合もあろう。だが、今までずっと見てきた「天の命《めい》」、すなわち「運命論」にしたがえば、

「会うべきでない者に会わぬのも、私の運命。天は彼と会うべきでないと言っておいでなのだ」

のごとくに説明される道が開かれているので、これ以上にこだわっても、しかたあるまい。

では次に孟子のそうした「天命観《てんめいかん》」を見てみよう。

孔子の時代より、いっそう「乱世」であり、弱肉強食の度合いが露骨である中、「天命」に対する見方、受けとめ方にも、変化があったようだ。

孟先生が言われた。

「不仁《ふじん》な人間が国を自分のものとすることは、ある。しかし、不仁な人間が天下を得たことなど、歴史上、一度もない」（尽心篇・下）

国を個人所有する不仁な人間とは、遠回しに（孟子の）現在の諸侯たちのことを言う。彼らは覇者（覇王）で、現実に存在している。今の言葉によると、とにかくそうした存在があるのを認めざるを得なくなっていることがわかる。別なところで、孟子

はこうも言っている。

孟先生はこう言われた。

「力をもって人を服従させながら、仁徳の仮面をかぶっているのが覇者である。覇者は自分の領土が大きくなればなるだけ喜ぶ。徳を基本に仁政《じんせい》を布《し》く者が王者である。王者は支配領域の大きさを喜びはしない。殷《いん》の湯王《とうおう》が七十里四方、周《しゅう》の文王《ぶんのう》が百里四方の領土から、自然に天下を支配するまでになった例を見よ。

力で人々を服従させても、人々は心から服従してはいない。力が足りない分、抑えつけられているにすぎない。徳をもって人々を服従させれば、心の底から喜んで、本当に服従するのである。七十人の弟子が、孔子に服従していたようなものである。『詩経』大雅《たいが》・文王有声篇《ぶんのうゆうせいへん》の）詩に、『西から、東から、南から、北から、みな集まり服従した』とあるのは、こういう意味なのだ」（公孫丑篇《こうそんちゅうへん》・上）

つまり、現実の覇者の存在を認めた上で、その上を行く「王者」にこそ真の価値がある、と規定したのである。が、ここで疑問もわく。「天命」と覇者の関係はどうなるか。「天」は覇者に、「戦争して、ほかの覇者と争いなさい」との「命《めい》（運命）」を与えたことになるのか、という疑問である。

前に記したように、天は徳ある者に味方してくれるはずではなかったのか。現実に存在し、いわば、のさばっている覇者たちは、天の祝福を受けているから、そうしていられるのか。それとも、天に逆らっているのだけれども、天がとがめようとしていないのか。『孟子』離婁篇《りろうへん》・上には、

天に順《したが》う者は生きられるが、天に逆らう者は滅亡する。

とあるので、孟子は、「天」を徳ある者に味方するものと考えているかのように見えるが、古典の書物に限らず、ある言葉を文章の中から抜き出してしまう（これを断章取義《だんしょうしゅぎ》と言う）と、ニュアンスが変わってしまうものであるから、注意が必要である。今の言葉の前から引用してみよう。

孟先生はこう言われた。

「天下に道があるときには、徳の小さい者は徳の大きい者に使役され、あまり教養のない者は、教養の豊かな者に使役されることになる。天下に道がないときには、徳の小さい者が徳の大きい者を使役し、あまり教養のない者が教養の豊かな者を使役する。この両方とも、天によってもたらされるのである。天に順う者は

生きられるが、天に逆らう者は滅亡する。……孔子曰《いわ》く、『仁《じん》に対しては、数で圧倒することはできない』と。今、天下無敵になろうとしながら仁を用いないのは、暑くてたまらぬときに行水をしないようなものである」

ここで、「孔子曰く」と引用されている言葉は、『論語』にない。『孟子』には、『論語』に見えない孔子の言葉の引用がいくつもある。だが、本当に孔子の言葉なのか、保証はない。ここを衝《つ》いたのが、さきほどの『荀子』非十二子篇である。もっともらしいことを言って、「これが孔子の言葉である」と自称するとの非難は、こういうところに向けられていたのである。

さて、ここでの孟子の発言によれば、「天下に道がある状態」も、「天下に道がない状態」も、どちらも「天」がそう仕向けたものである。

となると、「天下に道がない状態」のとき、正道を主張して、たとえば現実の諸侯を否定する、これは「天」に逆らう行為になりはしないか。それなのに、「仁」は無敵だと言う。「天下に道がない状態」のとき(孟子の当時の現実)、「力で人々を服従させて、仁の仮面をかぶっている覇者」に、「仁」を説くのは、「天」に逆らう行為ではないのか。どうやら、そうではないらしい。「天下に道がない」とき、覇者は、そういう「天命」を受けてこの世に覇者として存在する。

まず、これを認める。その上で、孟子はその「仁の仮面」を、心の底からの「仁」にすげかえてしまおうとしているのだ。だから、これはと思う諸侯に対して、熱弁をふるい、その心を動かそう、入れかえてしまおうとしているのである。孟子自身の言葉を借用すれば、覇者を王者に格上げしようということである。

孔子の時代よりも、さらに煮つまった戦国時代の「現実」に対応して、「現実」に歩み寄ったかたちで、諸侯に仁義の道を説く。これが孟子の位置である。そして、直接、覇者に働きかけ、「現実」に歩み寄った話をするとなれば、その発言には、歩み寄った分だけ現実的な、政治の話が出て来るのが当然の筋道となろう。

斉《せい》の宣王《せんのう》が言った。

「私はあなたの言われるような境地にすすむことはできない。しかし、先生、もう少し私が自分の考えを実行できるよう、教えてくれまいか。私は鈍い人間だが、何とかやってみたいのだ」

「決まった収入がないのに、不動の志があるというのは、少数のすぐれた人間だけです。一般の人間は、決まった収入がなければ、心も動揺してしまいます。

しかし、ちょっとでも心に動揺が生じますと、悪いことでも、やりたい放題になってしまいます。そういう悪いことをした者たちに刑罰を与えるのは、人民を網で捕るようなものです。悪いことをするように仕向けておいて、とがめるのですから、善くありません。仁《じん》を基本とした政治をすれば、そんな網で捕るような必要はありません。かくて、明君は、人民の産業を盛んにして、きちんとした収入が得られるように仕向けます。そうすれば、人民は必ず自分の父母を大事にし、妻子を十分に養い、実り多い年には、腹いっぱい食べられ、凶作の年でも餓死せずにすみます。まず経済的にこうしてやってから、さらに善い境地に導くのです。

こうすれば、人民も実行しやすく、負担も軽くすみます。逆に、産業がふるわず、父母を大事にすることもできず、妻子も満足に養えず、豊作の年でもろくに食えず、凶作の年には餓死するようでは、まともに生きてゆけませんから、礼儀をきちんとしろなどと言っても、無理です。王よ、根本にたちかえってお考えくだされ。

一人の農夫の五畝《ごほ》（約十アール）の宅地の空き地に、桑を植え、養蚕を行なわせれば、五十歳以上の者は絹の衣を着られます。ニワトリ、豚、犬などの家畜の生育をさまたげずに数を増やしてやれば、七十歳以上の者も、肉を食べられましょう。一世帯の標準耕地面積百畝《ひゃっぽ》（約二ヘクタール）の畑も、戦乱で荒らしたりしなければ、八人家族ぐらい飢《う》えずに暮らせましょう。このように生活を安定させてやったうえで、学校を建てて教育をほどこし、親に孝、友人に悌《てい》、慎みの道を徹底すれば、白髪まじりの老人が重い荷物を背負って歩くこともなくなり、ゆっくりと絹の衣を着、肉を食べられることになります。万民は飢えることなく、寒さに震えることもありません。このようにしてやって、天下の王者とならなかった者は、絶対にありません」

（梁恵王篇・上）

このような「具体策」は、梁（魏）の恵王に対しても、ほとんど同じものを語っているので、孟子の持論であったのだろう。しかし、当時の情勢の中で、これは可能であったのだろうか（滕文公篇・上には、井田《せいでん》＊5の論があり、一里四方を『井』の字形に九つに分けることを主張している。ここに言われる内容よりも、さらに実行不可能な論である）。隣国がこわがって、うかつに戦いをしかけられないほどの強国であれば、可能だろう。

そういう強国になってからでないと可能にならない策を、そういう強国になる前の、そういう強国になろうと切望している国に説いてどうなるのか。どうしても、現実ばなれは否《いな》めまい。いくら現実に歩み寄ってみても、まだまだ現実は遠い。それどころか時々刻々、遠ざかりつづけていると言ってもよいだろう。しかし、孟子はなおも熱弁をふるうのである。

「現実には実行できぬと言われるが、それは本当に不可能なことなのか。それとも、やろうとしていないだけなのか」

と。『孟子』の中では今引いた部分と順序が前後するが、梁恵王篇・上に、こんな一節がある。相手は斉の宣王である。

孟先生が言われた。

「王よ。王に対して、『私は百鈞《ひゃくきん》（約六百キログラム）を挙げられるが、羽《はね》一枚は挙げられません。秋にぬけかわる獣の細い毛の先端はよく見えますが、荷車いっぱいの薪《たきぎ》は見えません』と言う者がいたら、お認めになりますか」

「いや」

「では、今、その恩は人間ばかりでなく、鳥や獣にまでおよぼす力がありながら、実際には、人民に徳がおよばぬのはなぜですか。羽一枚が挙がらぬ、荷車いっぱいの薪が見えぬとは、力を使わないのであり、視力を働かそうとしていないのであります。人民が安楽に暮らせないのは、恩をほどこさぬからです。王が、真の王者（覇者を超えた存在）となれずにおられるのは、やれることをやらないからです。できないのではありません」

「やらないのと、できないのは、どう違うのだ。もう少し具体的に説明してほしい」

「泰山《たいざん》を腋《わき》の下にかかえこんで渤海《ぼっかい》を飛び越えようと思った者が、『これはできない』と言う、これは本当に『できない』のです。年長者に会って、ちょっと腰を折って挨拶《あいさつ》をしようと思った者が、『これはできない』と言う。こちらは『やろうとしない』のであって、『できない』はずはありません。王よ、真の王者になれずにおられるのは、泰山を腋の下にかかえこんで渤海を飛び越えるのとは違い、『できない』ためではありません。ちょっと腰を折って挨拶するほうの話です。やればできるのに、やろうとしておられないだけです」

しかし、である。「やればできる」、それはそうだろう。もし、それを現実にやってしまったら、どうなるか。おそらく隣国に攻めこまれでもしたら、大変なことになろう。世界じゅうに緊張が走り、どこの国も、いつ別の国に攻めかかっても、あるいは攻めかかられても、おかしくないような社会情勢の中で、一つの国だけが、いきなり、「我が国は、優しさ中心の国に切りかえることにしました」

とやっては、無事にすむまい。全体が共同の歩調をとって、はじめてそういう移行は可能となる。むしろこちらのほうが「常識的」な考え方であろう。『孟子』を読むと、斉の宣王は、孟子の目から見て、自説を実行してくれる可能性がいちばんありそうに見えた覇者であったようだ。しかし、結局、宣王は孟子の主張を実行せず、燕の国に攻めかかり、一時は制圧したかに見えたが、やがて反攻され、痛い目を見た。孟子は斉の国を去り、そして、最終的に、どこの国にも相手にされず、退隠《たいいん》してしまうのである。

人間の役割

孟子が他の主張を持つ者と議論をしている部分に、人間の営む社会が、それぞれの役割分担によって成り立っていることを指摘するところがある。「諸子百家」の分類上、「農家」と呼ばれる、農業中心の考え方（あまり具体的な資料がないので、こんな言い方しかできない）を主張した一派があった。その一派に影響されてしまった陳相《ちんしょう》という儒者との対話である。

陳相が孟先生に会い、「農家」の許行《きょこう》の言葉を紹介した。

「滕《とう》の君主（文公）は、まことに賢君でいらっしゃるが、まだ、古《いにしえ》の農業の神『神農氏《しんのうし》』＊6の真の道までは到着しておられぬ。真の賢君とは、人民と一緒に農耕に従事し、その収穫を朝夕に自ら炊事をして食べつつ、政治をすべきなのです。現在、滕の国には、倉庫がたくさんあります。つまり人民だけに負担を強い、自分はそのおかげで食べていられるわけで、これでは賢君とは言えません」

孟先生はこう言われた。

「その許先生は必ず自分で種をまき、収穫した穀物をお食べになるのか」

「そうです」

「では許先生の衣類は、必ず自分で麻の布を織り、それを着られるのか」

「いや、粗末な布を着られます」

「許先生は冠をお持ちか」

「冠をかぶられます」

「何でできた冠か」

「白い絹の冠を、喪服用にお持ちです」

「自分でその白い絹の冠を織りあげ、冠をつくられたのか」

「いや、自分がつくった穀物と取り替えられたものです」

「許先生はどうして自分で冠をつくられないのだ」

「農耕に従事する時間をうばってしまいますから」

「許先生は釜《かま》や甑籠《せいろ》を使って炊事をされ、鉄製の道具で耕すのであるか」

「そうです」

「それらの道具は、自分でつくられるのか」

「いや、穀物と取り替えられます」

「たしかに、穀物と道具の類《たぐい》の交換が成り立つならば、鍛冶屋《かじや》や陶工《とうこう》だけに負担を強《し》いることにはなっていまいし、鍛冶屋や陶工も、農夫にだけ負担を強いているわけでもないわけだ。それにしても、君主には人民とともに農耕せよと言いながら、どうして許先生は、完全にすべてのものを自分でつくろうとせず、あちらこちらの職人たちと、ごちゃごちゃと交換をしておられるのだ」

「いろいろな職人仕事は、農耕と同時にすべてやれないからです」

「だとしたら、国を治め、天下を治めるということも、片方で農耕を行ないながら、できるはずがないではないか。世の中には、上に立って政治を行なう者と、下で支える者とがある。たった一人の身に必要となる物を、すべて自分でつくらねばならなかったら、天下の万民は道路を右往左往しつつ混乱するばかりではないか。役割の分担がなければ、社会は成り立たぬ。昔から、言うではないか。『心を使う者がいれば、力を使う者がいる』と。心を使う者は、人を治める立場で懸命に頭をはたらかす。力を使う者は人に治められる立場で、労働して社会を支える。反対に、人に治められる側の者は、治める側の者を食わしてやり、人を治める側の者は治められる側の者に養われる。こういう役割分担こそが、世の中の原則である」


（滕文公篇・上）

この論法からすると、孟子は上に立つ者も下から支える者も、等しくそういう「天命」を受けて、そういう役割を担うべく、この世に生まれたと考えていたようである。そこには、秩序の意識があるけれども、この秩序は階層的なものである。その一方で孟子は、こんなことを言っている。

人民が貴い存在である。社稷《しゃしょく》（国家）は、人民がいなければ成立しないから、人民の次に貴い。君主は、国家がなければ、そこまでかつぎあげられることがないので、むしろ軽い存在である。圧倒的に多くの人民の支持を得たものが天子《てんし》となる。その天子に認められた者が諸侯に、その諸侯に認められた者が大夫となる。諸侯が社稷（国家）を危うくすれば、廃され、別の賢者が立てられる。また、社稷（とは、もともと土地神《社》と穀物神《稷》とを祭るもので、やがて象徴的に『国家』の意に用いられるようになった言葉だが、その社稷）の祭にあたり、いけにえも十分、供物も完備し、時期も誤ることなく祭ったのに、洪水や日照りがあったら、これは社稷の神の責任であるから、祭壇をこわしてつくりかえるのだ。

（尽心篇・下）

言わば革命思想のあらわれだが、そういう面ばかりを強調して受けとられては、孟

子もちょっと困るかもしれない。孟子は、

「何でもいい、気にいらなかったら下からぶちこわしてしまえ」

と言うのではなく、さきほどの社会における役割分担は、永久不変のものではないから、それぞれの立場で、よく自分の立場を見つめて励まないといかん、と言っているのである。へんなことをやると、支持を失って危うぃぞ、と現在、「上に立つ者」である人々に警告するのである。現在のところは、上に立っていても、支持を失うと、「天命」がよそに行ってしまい、別な人間が下のほうから、盛りあがって来る。そういう新興勢力に取って代わられるぞ、とおどかしているのである。当時の下克上《げこくじょう》、軍拡競争の世の中にあって、孟子の今の言葉は、富国強兵しか頭にない諸侯を、ドキッとさせるに十分だったろう。

「へたをすると、自分の立場も危ういかもしれない」

と。そこで、孟子はおもむろに、仁愛と正義を基調にすれば、民衆の支持を得られると語ってゆくのである。

性善説

今まで見てきたように、孟子は、覇者も、とにかく「天命」を受けて覇者をやっているのだから、それを認めたところから出発し、その覇者の心に訴えて、真の王者へと変貌《へんぼう》させようとしていた。これを逆に言うと、覇者も心を入れかえて真の王者になりうる、と認識していたことになる。つまり、暴力を基調とする覇者も、仁愛と正義を貫く真の王者に変われる心を持っている（そうでなければ、説得は無理であり、無駄である）。この説得は、人間は本来は「善《ぜん》」なる心を持っていると考えてはじめて成立するものである。――と順に考えてくると、孟子が性善説の立場にあることは明白である。

孟先生は言われた。
「人間には誰にでも、他人の不幸を黙って見すごせぬ麗《うるわ》しい心がある。だから古代の聖王は、その心を基調にした真心の政治を行なっていた。他人の不幸を見すごせない心によって、他人の不幸を見すごさぬ政治を行なえば、天下を治めることなど、手のひらの上で物を転がす程度にやさしいことだ。今、人間には誰にでも、他人の不幸を見すごせない麗しい心があると言ったが、たとえば、幼児が井戸に落ちそうになっているのを見つければ、誰でもハッとして、危ない、かわいそうだと思って助けようとする。その瞬間に、『この子を助けたことで、この子の両親とのつきあいが生まれるだろう』とか、『村人や友だちから誉《ほ》めてもらえるぞ』とか、『何で子どもを助けなかったのだ、とあとでなじられるのは困るなあ』とか考えて助けようとする者はあるまい」

ここから考えてみるに、他者をかわいそうだと思う「惻隠《そくいん》」の心がない者は人間ではなく、不義を憎む「羞悪《しゅうお》」の心がない者は人間ではなく、他人にへりくだる「辞譲《じじょう》」の心がない者は人間ではなく、善悪を判断する「是非《ぜひ》」の心がない者は人間ではない。「惻隠」の心は仁の芽、「羞悪」の心は義の芽、「辞譲」の心は礼の芽、「是非」の心は智《ち》の芽である。人間にこの四つの芽があるのは、両手両足があるようなものである。（公孫丑篇・上）

孟子は、この四つの芽（端緒と解する説もある）が、人間に備わっているとした。ただし、「幼児が井戸に落ちようとした場合」という今の例と直接むすびついているのは、惻隠の心、すなわち仁だけである。どうせなら、ほかの三つの芽についても例証してほしかった。とにかく、誰でもこういう心を持っているから、人間の本性は善であるということになる——これが孟子の主張である。そして、『孟子』告子篇・上では、

仁《じん》・義《ぎ》・礼《れい》・智《ち》は、外側から私を飾りつけているものではなく、私に本来固有のものである。

とも言っている（あとで再びこの部分に触れる）。この告子篇・上において、孟子は、性善説を展開している。告子は名は不害《ふがい》。当時の人であるということのほかは、よくわからない。が、『孟子』の中に登場する彼は、人間の本性は、本来、善も悪もない純粋無垢《むく》なものと考えていたようである。

告《こく》先生が言われた。

「人間の本性は、淵《ふち》の中でうずを巻いている水のようなもので、これを東の方向に河道《かどう》を切ってやれば東に流れ、西に切ってやれば、西に流れる。人間の本性が善と不善に分けられないのは、川の水が東と西を区別せず、どちらへも流れて行くのと同じである」

孟先生は、こう反論された。

「たしかに川の水は東と西は区別しないが、上下は区別する。人間の本性が善であることは、水が決まって上から下へと流れるようなものである。人間の本性は善に決まっている。水が下へ流れると決まっているように。

しかし、水は外から力を加え、たたいてみれば、人間の額よりも高くはねあがり、せきとめて逆流させれば、山肌をのぼってゆく。だが、それはあくまでも外から力を加えた場合であって、外からの力がそうさせているのである。本来は本性が善である人間が不善のことをするのは、人間の外にあるものの力に影響されるためなのである」

弟子の公都《こうと》子《し》が孟先生に質問した。

「告《こく》先生は『性には善もなく、不善もない』と言われます。別のある人は、『性は善にもなり、悪にもなるのが本来の姿だ。周《しゅう》の文王《ぶんのう》や武王《ぶおう》が出現すると、人民は影響されて善を好むようになり、同じ周でも幽王《ゆうおう》や厲王《れいおう》が王位を継ぐと、やはり人民は影響されて暴悪を好むようになる』と語り、また別のある人は、『善なる性を持って生まれてくる人がいる。悪なる性を持って生まれてくる人もいる。聖王堯《ぎょう》の時代にも、舜《しゅん》の異母弟の悪人象《しょう》がいた。悪人瞽《こ》瞍《そう》は舜の父である。殷《いん》の紂王《ちゅうおう》は暴逆の人物だったが、その兄弟の微《び》子《し》啓《けい》や王子比干《ひかん》のような善人がいた』と言います。先生は『性は善なり』とおっしゃいますが、これらの説はすべて誤りなのでありましょうか」

「実態として善であるはずである。私の性善説の証明は、実態を見すえてそう言っているのだ。人間が不善を成すのは、持って生まれたその人の性質のせいではなく、あくまでも外側からの悪影響によるのだ。惻隠の心（仁）、羞悪の心（義）、恭敬の心（礼）、是非の心（智）は誰もが持っているもので、仁・義・礼・智は、外側から私を飾りつけているものではなく、私に本来固有のものである。が、中にはそれに気づかぬ人がいるのである。それゆえ、私は言うのだ。『求めれば善なる性はいつでも得られる。捨ててしまうから、見失う。無為無策の者は、本来の善を十分に発揮することはできぬ』と。『天が数多くの人間を生みたもうた。そして、すべてのものに、天の法則が与えられている。人間は天から与えられた不変の法則に従い、その美徳を愛するのだ』という詩がある（『詩経』大雅、烝民《じょうみん》）。孔子は言われた。『この詩の作者は、道をよく知っている』と。ものがあれば、必ず天の法則に従っているものだ。人民がこの美徳を愛するからには、本性が善であること、疑いない」

ここで孟子が『詩経』（当時は単に『詩』と呼ばれた）の詩を引いていることは、わかる。そして、自説の根拠としたことも、わかる。「天にこうして生んでもらったのだから、人間が悪いものであるはずないじゃないか」という受けとめ方であり、自覚のしかたである。

しかし、ここに見えた孔子の言葉は、やはり『論語《ろんご》』に見えない。本当にこの孔子の言葉が伝わっていたのか。それとも、前で触れた荀子《じゅんし》の非難にあったように、「孔子の言った言葉」として、孟子がみずから語ったのか、ここで結論を出すことはできない。

孟子の人間愛

孟子はあくまでも「性善」の立場をとり、それゆえに、覇者を説得して、真の王者にせんものと熱弁をふるった。孔子の時代よりも、いっそう富国強兵、弱肉強食の様相を強めていた世の中にあって、孔子が理想としたような、「人間の誠意がすべてを支配する世界」を実現しようと奮闘した。もちろん、時代が違うし、人が違うぶん、孔子と孟子にはズレがある。それは、孟子が当時の「現実」に歩み寄らねばならなかった点にもよろうが、その歩み寄りをしたところで、実現の見込みのなさはどうしようもなかったこと、司馬遷《しばせん》が指摘した通りである。

言ってみれば、孟子がやろうとしたことは、「理想」を「現実」にあてはめることによって、その姿をくずしてしまうことではなく、強引にも「現実」を「理想」のほうに持って行こうとした営みであった。当時、戦争があいつぎ、犠牲となるのは、いつも庶民である。孟子自身にも、「他人の不幸を黙って見すごせない心」があり、何とか仁愛と正義の世の中を実現しようとがんばった。

それが孟子の人間愛であったのだろう。荘子は同じころ、卓越した論理によって、精神的な救いの道を模索し、表現していた。それが荘子の人間愛であった。孟子は覇者の心の「性善」を信じ、直接、統治者に働きかけることで、平和の世の中を開こうと試みた。それは失敗に終わった。だが、孟子はなおもこんな言葉を残している。

舜は農民で、田野を耕作していたのを堯に見いだされ、王になった。殷の賢王武《ぶ》丁《てい》に見いだされた傅説《ふえつ》は土木工事の作業員であった。周の文王に見いだされた膠《こう》鬲《かく》は魚と塩を商っていた。斉《せい》の桓公《かんこう》を覇者たらしめた管仲《かんちゅう》は、捕虜として獄中にいた。楚の荘王《そうおう》に見いだされた孫叔敖《そんしゅくごう》は海辺にいた。秦の穆公《ぼくこう》に見いだされた百《ひゃく》里《り》奚《けい》はただの市民であった。これらのことから、天はその人を選んで大きな任務を果たさせようとしたときには、必ずその栄達の前に、心を苦しめ、肉体を苦しめ、貧窮な目に遭わせ、空腹にし、おのれの成しとげたいこととは全く反対の境遇に置き、試練を与えることがわかる。この試練に耐えぬいた者だけが、より強くなって大きくなれるのだ。　（告子篇・下）

これは試練なのだ、と自分に言いきかせているような語気はあるけれども、どのみち途中でやめてしまっては、天の祝福もあるまい。しかし、いつになったら試練が終わるのかは誰にもわからない。「死ぬまで試練」では悲しいかもしれない。だから、たいていの場合、「見切りのつけどき」に迷うのだろう。このように迷った場合の処方箋《せん》までは、孟子は与えてくれないが、とりあえず苦しいときのがんばり方は教えてくれているわけだ。

孟母三遷、孟母断機

幼いころ、孟子の家は墓地のそばにあり、孟子は葬式ごっこをした。孟子の母は市場《いちば》の近くに家を遷《うつ》した。すると孟子は、売買ごっこをしたので、孟子の母は、学校のそばに転居した。すると孟子は礼儀作法のまねごとをして遊んだ。――これは、「孟《もう》母《ぼ》三遷《さんせん》」の故事として広く知られているが、真実ではあるまい。前漢時代に『列女《れつじょ》伝《でん》』なる書物ができ、そこに見える記事であるが、司馬遷は全くそんなことを記していない。

また、「孟母断機《もうぼだんき》」の故事も、同じ『列女伝』に載っている。勉学の途中で帰ってきた孟子に、母は機織《はたお》りをやめ、「勉学の途中で帰ってきてしまっては、この織物と同じで、人間ができあがりません」と叱《しか》った。このおかげで、高名な儒者孟子ができあがったのだ、と。これも、あとからつくられた伝説くさい。今ふうに言うと、孟子は、「マザコンのおぼっちゃま」で、その母は「教育ママ」であったことになる。が、かりにつくられた伝説であるとして、その伝説は孟子のどこを衝《つ》くものなのか。

前者は、まさにおぼっちゃん的で、「現実」には実現するはずのない「理想」を、みじんの疑いもなく主張しつづけた姿を、「世間知らずのおぼっちゃまのやりそうなことだ」と、評しているのであろうし、孟子に外側から働きかけて、人間としての完成をうながした母がいたおかげで、孟子はああなれたのだろう、という説明であろう。「父親の姿がないのは、けしからん」と怒ってもはじまらない。『列女伝』なのだから、父親は書けない。

そして後者は、孟子の人間としての完成をうながしたことと、あきらめないで、ずっとがんばりつづけた孟子の姿の原点はここにある、という説明なのであろう。「外側からの働きかけが、人間をつくる」とは、孟子も言っていることである。

聖王堯《ぎょう》の服を着て、堯の言葉を話し、堯の行ないを行なえば、堯なのだ。悪逆の王桀《けつ》の服を着て、桀の言葉を話し、桀の行ないを行なえば、桀なのだ。

（告子篇・下）

さて、今の二つの故事は、そういう伝説があると受けとめておくにとどめ、先にすすもう。さきほど孟子が挙げた四つの芽（原文は「四端《したん》」）、仁・義・礼・智の中で、「礼」が最も外側から人間を規制する性格が明らかなものであろう。この「外側からの規制」を非常に重視したのが、荀子である。しかし、荀子は、さきほど孟子をこっぴどく非難していた。荀子も儒者である。荀子は孟子のいったいどこが気にいらなかったのであろうか。

＊1　鄒……魯国の首府・曲阜《きょくふ》の南にあった小国。
＊2　子思……前四八三頃～前四〇二頃。孔子の高弟・曾子に学び、「孝」「仁」を主とする観念的・主観的傾向の強い学派を成立させた。『中庸』の著者といわれる。『論語』に出ている子思は原思のことで、孔子の孫の子思（孔伋）とは異なる。
＊3　万章……孟子の弟子の中では高弟だった。『孟子』の中で二十回以上も問答が出てくる。
＊4　子游……前五〇六頃～?。礼・楽の政治的な重要性に着目し、魯（山東省）の武城の長官になったとき、礼楽によって治めた。「孝・仁」を主とする子思・孟子に対して、「礼・楽」の子游の思想は荀子に受け継がれた。
＊5　井田の論……周の時代に実施していたとされる土地制度で、一里四方（九百畝）の田を「井」字形に九分割し、周囲の八区画を八家に与えて、中央の一区

画を公田とし、公田を共同耕作させてその収穫を租税として国家に納めさせたもの。

＊6　神農氏……中国古代の伝説上の帝王の一人。炎帝と同一ともされ、人間の体に牛の首という容貌をしていて、農具をつくって人々に農耕を教えた。百草の性質を知るために、みずから草をなめたという。そこから農家や医家の祖とされた。

荀子の思想

「荀子《じゅんし》」とは、ほかの「諸子百家」の場合と同様、荀《じゅん》先生の意味である。『史記《しき》』荀《じゅん》卿《けい》伝（荀子の伝記）によると、彼は趙《ちょう》の国の人で、五十歳で斉《せい》の国に遊学した。そして、斉の襄王《じょうおう》（前二八三―前二六五在位）の時代、学壇《がくだん》の最長老[*1]であった、と。これは、孟子《もうし》と接触のあった梁《りょう》（魏《ぎ》）の恵王《けいおう》（前三七〇―前三三五在位）や、斉の宣王《せんのう》（前三四二―前三二四在位）と比べた場合、六十年以上の開きがある。おそらく荀子と孟子は、直接会ってはいないのであろう。もし会っていたとしたら、よほど若いころの荀子と、老人となった孟子の対面ということになる。

　だから、前章で触れた荀子による孟子への非難は、書物として成立していた『孟子』に対して、ぶつけられたものと考えておいてよさそうである。その際、孔子《こうし》の孫の子思《しし》（孔伋《こうきゅう》）と孟子が、勝手に孔子の言葉をつくりあげ、「孔先生はこう言われた」と称して、孔子や子游《しゆう》を、必要以上にまつりあげた、と言われていた。

　前章で、孟子が、「孔子の言葉」として引用しているものが、『論語』には見えていない例を二つ挙げた。そして、荀子は、そこを衝《つ》いて、孟子による「孔子の言葉」の自作（悪い言葉を使えば、デッチあげ）を非難していると見られた。しかし、前章でも述べたように、本当に孔子の言葉であるのか、デッチあげであるのか、今日、決定することはできない。そこで、もう一つの側面に着目してみよう。

荀子は、あの非難の中で、孔子のほかに子游の名を挙げていた。ここに、荀子の思想的立場を解くカギがありそうである。彼は、同じ孔子の学統にありながら、子思→孟子の系統ではなく、子游の系統なのではないか、と考えられている。

子思から孟子への学統で、子思の前には曾子《そうし》（曾参《そうしん》）が位置づけられる。曾子は、非常に内省的な人で、孔子から「動きが遅い」と評された。そして、孔子の道は「忠《ちゅ》恕《うじょ》（誠意をもって他人を思いやること）」だと理解した人物である（『論語《ろんご》』里仁篇《りじんへん》）。

この学統に位置するとすれば、孟子があくまでも人間の誠意を信じる「性善説」の立場をとることは、当然とも思える。

一方、子游は、子夏《しか》*2とともに学問にすぐれているとされた人物である。『論語』雍《よう》也篇《やへん》には、魯《ろ》の国の武城《ぶじょう》の長官となり、すぐれた人材を得たことが記され、同じく陽《よう》貨篇《かへん》には、その武城を孔子が訪ねた話がある。

孔先生が武城に行かれたところ、麗《うるわ》しい管弦の音《ね》と歌声が聞こえてきた。先生はにっこりとされ、

「鶏を割くのに牛刀を用いることはあるまいに」

と言われた。子游は、

「以前、私は、先生にこう教わりました。『上に立つ君子が道を学べば、本当の愛の意味を知り、治められる側の者が道を学べば、人の心を理解して使いやすい人間になる』と」

と言った。孔先生は、弟子たちに、

「お前たちよ、彼の言うことが正しいのだぞ。私がさっき言ったことは、冗談なのだから」

と言われた。

小さい町だからと手を抜くことなく、道を広めようとしていたことが、聞こえてきた音楽によって、孔子にわかった。少し大げさかもしれんぞ、と鶏と牛刀の喩《たと》えで感想を述べた。すると子游は、大まじめに反論した。孔子は、お供の弟子たちを喩《さと》すとともに、

「お前をけなしたのではないのだ」

と言った。

この話から、子游は人を教え導く「教化」「教育」によって、武城の町を良い方向へすすめようとしていたことがわかる。麗しい音楽も、人の心をやわらげ、落ちつい

て物事が行なえるようにする、一種の「教化」の手段である。「教化」「教育」とは、いずれも「外側から」人間の内面にしみこんでゆこうとする行為・働きかけである。

荀子がこの子游の系統に属する儒者であれば、「外側から」を重視する立場をとるのは、当然と言えよう。そして、人間とは「外側からの働きかけ」を必要とする存在である、との立場をとるのであれば、孟子と反対の「性悪説《せいあくせつ》」を主張するのも、当然の流れと言えよう。

性悪説

では、子游が「性悪説」の立場にあったのかと言えば、そうではない。しかし、子游の師孔子には、次のような発言があった。

孔先生は言われた。

「人間の性（素質）は、みな似たようなものである。習練の結果、ずいぶんとかけはなれたものになる」

孔先生は言われた。

「ただ、最上級の知恵者と、最下級の愚者は、移動することはない」

（いずれも『論語』陽貨篇）

この二つは、ちょうどこの順に並んでいるのだが、並べて統一的に読んでよいのかどうか、保証はない。並べて読むとすると、「最下級の愚者」なるものを認めていることになるので、「性」が「悪」である場合があることを、孔子が認めていたことになる。かくて、荀子の「性悪説」の根拠の一つがここにあると考えられることになる。これは決して孔子が「性悪説」であったことを意味するものではない。この二つを並べて読むとすればそう読める、そう解釈できるということである。

それと、もう一つは、荀子の生きた時代——孟子の生きた時代も含めていい——の「現実」との関係である。孟子が主張した「性善説」が正しいとすれば、どうして孟子自身が懸命の熱弁をふるったのに、世の中は、人々の心は、いっこうに良くならないのか。あいかわらず下克上《げこくじょう》の世の中で、どこの国でもなりふりかまわぬ軍拡路線がつづき、戦火のおさまる気配もない。『史記』によると、斉の国の学壇の最長老であった荀子のことを謗《そし》る者があり（その者の姓名や悪口の内容は不明）、荀子は楚の国に行き、春申君《しゅんしんくん》（？—前二三八）によって蘭陵《らんりょう》＊3の長官に任ぜられた。しかし、春申君は暗殺されてしまい、荀子も免職された。そういう世の中である。

いくら自分が正しくとも、自分を陥れようとする讒言《ざんげん》のほうが勝ってしまうとしたら、どこに人間の本性の善を感じればよいのだろう。弱肉強食、どんな手段を用いようと、恥じるどころか、嬉々《きき》として新しく得た地位を楽しむ。

荀子が、人間の本性は悪であると主張したくなる気持ちも、わかろうというものだ。そして、外側から「教化」「教育」を与えて、言わば人間の精神を鍛えなおす、叩《たた》きなおすべきだと考えたとしても、無理はない。

しかし、ここに注意すべき点がある。私たちは何かにつけて——たとえば高校の漢文、世界史、倫理社会などの教科の授業で——孟子と言えば「性善説」、荀子と言えば「性悪説」と対比され、それを覚えこむことを疑わなかったので、こんな誤解をしやすい。

「荀子は孟子と正反対に、性悪説を唱え、人間の本性は悪であるとした」

と。これはだいぶ正しくない。孟子でさえ、人間本来の「善」がいろいろな欲望で曇ってしまうことを認めている。荀子が人間の本性をすべて「絶対の悪」と決めつけるはずはないだろう。そんなことをしたら、いくら「教化」「教育」をほどこしても無意味であるし、兼好《けんこう》法師になぞらえてみれば、

「いちばん最初の『善』は、どこから生まれたのか」

と問われたら、たちまち答えに窮してしまう。当時の第一級の頭脳の持ち主が、そんなことを言うはずがない。荀子は、人間の本性とは、

「悪いとは言え、『教化』『教育』によって善《ぜん》になりうる悪だ」

と規定している。キリスト教で言われる「原罪《げんざい》」と似た一面を持つものである。そして、「本来は純朴なのだが、そのままに放っておくと、純朴なおとなになることはなく、悪人になるに決まっているから、善へと教え導かなくてはならない」と言うのである。

『荀子』性悪篇を読むと「今《いま》」とか「今人《きんじん》（今の人。つまり荀子の当時の近代人）」という言葉が何度もくりかえされている。つまり、荀子は、

「大昔の聖王の時代のような、人々の心も純粋で素朴であったころの話ではなく、（荀子の時代の）近代人の本性について考えた場合、『性は悪である』と定義することから出発すべきだ。今の時代に孟子が『性は善である』と主張するのは、現実無視の夢物語にすぎない」

と言っているのである。ただし、『荀子』に限らず、『論語』や『孟子』も、今日に伝わるまでの長いあいだに、いろいろな人の手が加わったりしているので、『荀子』性悪篇も、荀子本人の著述ではないのではないか、という議論もある。本書では、とりあえず今のように規定する立場で話をすすめることにしよう。

人間の本性は悪であり、善はあくまでも後天的な「教化」のおかげで獲得される

として、話をはじめなければならない。（荀子の当時の、目のとどくかぎり、あるいは想像しうるかぎりの）近代人の本性を考えてみれば、この世に生まれた瞬間から、利《り》を好むように、しむけられている（環境がそうなのだ）。そのまま放置しておけば、やがてその欲望は他人と衝突し、奪いあいがはじまる。他人に譲る気持ちなど存在しない。

生まれた瞬間から、他人の幸せをねたみ、憎悪するように、しむけられている。そのために、他人に残酷なことをしても平気で、忠実さとか信頼などは、どこにもない。生まれた瞬間から、耳と目に飛びこんでくる美しい色や音を好むように、しむけられている。そのため、淫乱《いんらん》な気持ちに支配され、礼儀とか、麗しい秩序とかは、どこかへ行ってしまう。したがって、人間の本性をそのままに、人間の心のおもむくままに放置すれば、争いが生じ、秩序は崩壊し、暴力だけが支配する世の中になってしまう。そこで、必ず師を立てて模範とし、礼儀の道筋を教化するようにしなければならない。そうすれば、他人に譲る心がはぐくまれ、秩序も守られ、世の中は治まる。

以上のことから、人間の本性は悪であるとすべきことは証明されよう。善はあくまでも後天的な「教化」のおかげで獲得されるのである。放っておいて自然に善ということは、現在の世の中を見れば、全く期待ができない。

人間の内面に期待できないとすれば、外側からの「教化」に期待しなければならない。それが当時の「現実」であった。当時はたしかに乱世で、戦火がやむときはなかったけれども、中国全土が火の海に包まれていたわけではない。武器生産を中心に、産業も活発化し、経済的には豊かであったとも言いうる。そして、戦争があるたびごとに、大量の武器が消費され、次に大量の武器注文をうむ。この消費・生産が経済を引っぱったわけである。

大量の武器の注文があれば、大量の原材料が求められる。そして原材料運搬にともなって、輸送産業が活発となる。その輸送の荷車を襲う者が出れば、自衛のための私兵（用心棒）が警備を担当することになり、ここに新たな雇用が生まれる。経済が豊かになれば、その懐をねらって、いろいろな品物が製造販売され、遊興の施設もできる。

「戦乱の世だ。いつまで楽しく生きていられるか、わからん。せいぜい楽しもう」という、荘子がそこまでは期待しなかった快楽主義が、刹那《せつな》的な消費をうながす。その消費がまた次の消費をうむ。――おおざっぱに言えば、こういう世の中だった。

ひょっとすると、「戦乱」の二文字を抜くと（国によっては抜かなくても）、私たちの「現在」も、ほぼ似たシステムの中にいると言えよう。情報は洪水のようにあふれ、私たちに消費をうながす。何かほしいものがあると、行列をしたり、安売りの催物《もよおしもの》場《じょう》で、一枚の衣服をめぐって争奪が起きる。そのさまを横目で見ながら、

「何もそうまでして」

とは思うものの、町を歩いていてどこかで「行列」を見かけると、別に買おうというのではなくても、

「何だろう」

と興味をひかれる。このへんはたいして変わっていないのかもしれない。

さらに荀子は、こうも言う。

孟子は、「人間が学ぶという行為をするのは、本性が善であるからだ」と主張している（今日に伝わる『孟子』には見えない）が、これは違うのである。彼は人間の本性を正しく理解していないために、本性そのものと、「教化」などの後天的修養の二つがあることをきちんと区別できていないのである。本性というのは、生まれたときから持っているもので、生まれたての赤ん坊は学問をしたり、仕事をしたりはできないが、しかしとにかく「本性」を持っている。これが「本性」なのである。

学問をして何事かが可能となる。あるいは仕事を成しとげる。いずれも後天的

な「教化」によってそれを獲得するのである。赤ん坊のままではできないが、生まれたあと身につけてゆく、これが「教化」なのである。この二つは違うのである。区別しないで、いっしょくたにしてはならない。ここで、次の点に注目してみよう。「本性」として、耳と目の能力は人間に備わっている。別に教えられなくても、耳は聞こえるし、目もはっきり見える。他者から後天的に耳で聞く方法、目で見る方法を教わったわけではない。これが「本性」というものである。明白であろう。ところが、孟子はこうも言う。

「近代の人間の本性は善であるのだが、その本性の本来の状態を失ったために、おかしくなったのだ」

と（これも『孟子』には見えないが、この考え方については、すでに先学に指摘のあるとおり、孟子のものと言える）。これはまちがっている。近代人の本性は、こういう時代であるから、生まれたまま放置すると、たちまち純朴《じゅんぼく》さを失い、本来の資質をはなれてしまうのである。こういう観点に立てば、そのまま放置すれば悪になってしまう以上、人間の本性は悪であると規定してかかるほうが正しいのは、明らかである。孟子の言うような「性善」とは、本性が純粋で素朴でありつづけた状態のことを称して、「善い」と言っているもので、これは、教えられなくても見える目、聞こえる耳とごっちゃにしてしまっているのである。

「教えられなくても見える目」は、結局、目だけのことであり、「教えられなくても聞こえる耳」は耳だけのことである。欲望に動かされる動かされないの問題とは別で、欲望のあるなしにかかわらず、目は見え、耳は聞こえるのである。近代人の本性について見てみよう。飢えれば腹いっぱい食べたいと思い、寒ければ暖まりたいと思い、疲れたら休みたいと思う。これは人間の心の動きとして、当然のものである。

こんな近代人が、空腹時にまっ先に食べものに手を出さないとすれば、誰《だれ》か順番を譲らなければならない者がある場合である。疲れても休まないとすれば、何かの事情で誰かの代わりとなって働かねばならない場合である。今の世の中で、子が父に譲り、弟が兄に譲り、子が父に代わって働き、弟が兄に代わって働くというようなことは、本当の自分の気持ちと逆の行動にあたっているのである。ところが、親孝行の道、礼儀の道がある。心のおもむくままにすれば礼儀に悖《もと》り、礼儀に従って譲れば、自分の気持ちに対しては不正直ということになる。やはり、人間の本性は悪であると規定して話をはじめるべきである。人間が善であるというのは、あくまでも後天的に「教化」されて、そうなるのである。

要するに荀子は理屈を言っているわけだが、これを見て、「しんねりむっつりとした理屈っぽいおじさん」と感じるか、「孟子の熱弁とは違い、あくまでも理知的に物事の筋を通そうとする冷静な人物」ととらえるかは、人によって違ってくるかもしれない。しかし、これだけはわきまえておかねばなるまい。

荀子が当時の「現実」を反映しようとすればするほど、同時に「現実」の持つ深刻さも反映されていくことになる、ということを。荀子はそれだけシリアスな思想家なのである。だから、彼が持ち出す比喩《ひゆ》は、荘子《そうし》などと違って、ひたすら現実的であり、現実とかけはなれた夢のような寓話《ぐうわ》はない（だから面白味《おもしろみ》に欠けるとも言える）。もう少し性悪篇を読むと、そのことがはっきりする。

ある人が質問した。

「本性は悪であると規定しますと、礼儀はどこから生じたのですか（ここにも兼好法師のような人がいる。実際は荀子の自問自答なのであろう）」

「礼儀というものは、人間の中で特にすぐれた聖人が人を『教化』するために制定したのである。しかし、聖人の本性から生まれたものではない。たとえば、陶工が粘土を成型して瓦《かわら》をつくる。その瓦は陶工が外側から粘土に加えた力によってできたものであり、陶工の本性からできたものではない。木工は木を加工して器をつくるが、その器は木工の加えた力によってできたもので、工人の本性によってできたものではない。

聖人は後天的に思慮を積み、『教化』という外側からの手段を練り、礼儀をつくり、法度《ほうど》（お手本）を制定した。聖人の後天的な部分から生じたのであり、聖人の本性だけが善《よ》かったから、そこから生じたというのではない」

荀子は孟子よりも「現実」を直視し、孟子の情熱的な弁舌を打破するために、より精緻《せいち》な理知をはたらかせた。比喩も「現実」を反映して的確なものを選び、たしかに面白味には欠ける。しかし、荀子には冷静な情熱がある。私は以前、歴史書『三国《さんごく》志《し》』の著者陳寿《ちんじゅ》＊4の静かな情熱を夜空の星で比喩し、「青白く冷たい光を放つ星のほうが、赤くて暖かそうに見える星より、何倍も温度が高い」と書いたことがある。荀子もそういう面を持つ人であったような気がする。何よりの証拠は、荀子はこうして「悪だ」「悪だ」とくりかえしているけれども、もし彼が人間を信じていなかったら、「後天的な教化で善になれる」などと言うはずがないではないか。ここで個人的な想念をちょっと書かせてもらおう。『荀子』を読むと、昔教わった先生がたの中の一つの典型を思い出す。「いい子だ。よくできたぞ」と面と向かって誉《ほ》めてくれることはないが、生徒が善いことをすると、ものすごく喜んでくれていた、あの先生がたを。

向上心と欲望は紙一重

荀子はこうも言っている。

人間が善を成そうと思うのは、実は本性が悪いためである。幸せ薄い人間は、分厚い幸福をはしがる。醜いものは、美にあこがれる。狭い所にいれば、広い家に住みたがる。貧しければ、金持ちになりたい。身分が低い者は、高貴な地位にのぼりたい。自分が持っていないものを、外から持ちこみたがっているのだ。大金持ちはわずかばかりの財に心を動かされないし、高貴な身分の者は、ちょっとばかりの権益をむさぼりはしない。

自分の身によいものが備わっていれば、外から持ちこまなくてもいいのである。——以上のことから見れば、善を成そうとする向上心は、欲望と紙一重《かみひとえ》のものとして、私（荀子）が言う「悪なる本性」の中にある。本性が善になっている者は、がんばらずともそのまま善を行なえば、いい。悪なるがゆえにこそ、善にもなれるのだ。近代人の本性は、生まれたての赤ん坊のときには礼儀も何も知らぬ。後天的に学んで努力して、礼儀を身に付けようとするのである。もともと、生まれたての本性は、礼儀など知らない。だから思慮を重ねて、礼儀を知ろうとするのである。生まれたまま放置されれば、礼儀知らずの人間ができあがる。礼儀知らずばかりになれば、世の中は混乱し、人間の麗しい生き方にもそむいてしまう。——と順に考えてくると、本性を生まれたままにすることは、背徳の乱行を身に付けてしまうことにほかならない。人間の本性を悪であると規定して話をはじめるべきことの正しさは明らかであろう。善は、後天的な「教化」の結果である。

この論法に従うなら、現在は「乱世」であるから「治世」を求めるのが当然ということになる。さて、前章の終わりの部分で、荀子は「外側からの規制」を重視する思想家であったと記した。そして、この性悪篇の議論の中に、さかんに「礼儀」という言葉が出てきた。原文は「礼義」となっており、学問的に追求してゆくと、「礼儀」とイコールにならない面があるが、本書では、理解しやすさを優先し、「礼儀」と置きかえて説明する。

「礼儀」の語は、『詩経』にあり、荀子よりも古いからである。「礼儀」は、まさしく「外側から」人間を「規制」する。この「礼儀」こそ、荀子の思想の大きな柱の一つである。ここで、『荀子』礼論篇《れいろんへん》を見てみることにしよう。

礼はどこからはじまったのか。この問いにはこう答えよう。

「人間には生まれながらの欲望がある。ほしいものが得られないかぎり、ずっと追求しつづける。その欲求を制御する境界線がなかったら、他者の欲求と衝突を起こし、必ず争いが生じる。争いが生じれば世の中は乱れ、乱れれば結局全員が困ってしまうことになる。そこで、古《いにしえ》の聖王は世の中が乱れることを不快に思い、『礼（社会の規範）』を制定して人間の分限《ぶんげん》（その人にふさわしい取り分）を定め、人間の欲望をじょうずに満たして、それぞれの納得のいく分配を行なった。欲望のほうが取り分の物より大きくなることはなく、両者のバランスをうまくとって、人々を養った。これが『礼』の起源である」と。

さきほどの性悪篇の記述と似ているが、ここは古代の聖王による実際の政治の場のこととして、語られている。これは、荀子が、自分の「礼」についての考え方を、「現実」の政治にあてはめることを意図していたことの証拠と言えよう。

この記事のあと、葬礼のことなどが少し長く述べられ、再び興味深い記述がある。

人間の「本性」は、本来、純朴で無垢《むく》なものであり、後天的な「教化（ここでは、学習とか思索の意味でも、使われているようである。以下の「教化」も同じ）」は、筋道正しいりっぱなものである。しかし、「本性」がなかったら「教化」も加えようがない。「教化」がなかったら、「本性」も美しくなることはできない。「本性」と「教化」の両方があいまって、「聖人」と呼ばれるような人物が登場し、天下を統一するという大功を成しとげる。だから、こう言える。——天地が反応して万物が生じ、陰陽が合わさって変化が起こり、『本性』と『教化』があいまって天下が治まる。

しかし、天は万物を生むけれども、それらを整理して治めることはできないし、地は人類を上に載せることはできても、人類を統治することはできない。宇宙の万物、人類のようなものは、聖人が登場してはじめて整理され秩序づけられるのである。詩に、「いろいろな神を祭ってその心をやわらげ、その力は河の神から高い山の神までおよぶ」（『詩経』周頌《しゅうしょう》、時邁《じまい》篇の一節）とあるのは、この聖人の広大無辺の働きをうたったものである。

読者各位もすでにお気づきであろう。天は万物の生《う》み主《ぬし》であったはずだが、たしかにここでも「生み主」には違いないものの、明らかに「能力のなさ」を言われている。また、天はみずからの力で行なうのではなく、自分が命令を与えた人間の手を借りて物事を行なわせる存在であるとの考え方もあったが、ここでの「聖人」は、万物や人類を秩序だてただけではなく、各種の神さえも手なずけてしまう、驚くべき能力の持ち主である。

一見したところでは、この「聖人」はニーチェ（一八四四―一九〇〇）の提示した「超人」*5と似ている。しかし、「超人」と違い、「神は死んだ」とするのではなく、「神を懐柔《かいじゅう》」してしまう点、ニュアンスがことなっている。荀子は、だからこそ、いちばんはじめに「礼」を制定することができた、そう言いたいのであろうが、ここまでの能力を持ったとしても、「聖人」はあくまでも人間であることに注意しなければならない。彼は「天」さえも超える存在である。

荀子が「性悪」の立場をとった場合、このような超人を登場させないかぎり、いちばんはじめの「教化」の基本である「礼」の起源を説明できなくなるのは、必然の筋道であるはずだ。兼好法師の父上のように、「天から降ったか、地から湧《わ》いたかね」と言って笑ってすますのでないかぎり。あるいは、「聖人」だけは「性善」だったのです、などと言わないかぎり。

人は生まれながらにして「原罪《げんざい》」を背負っているとするキリスト教の立場は、荀子と似かよった一種の「性悪説」であるとするならば、その超克《ちょうこく》をはかったニーチェの「超人」と、荀子の「聖人」が似てくるのも当然のことであろうと考えられる。

しかし、こうなってしまうと、「天」もずいぶん力弱き存在ということになる。と同時に、どうやら荀子の「天」に対する考え方は、ひと味違うものになっているのではないか、と思わせる。普通の人間が「教化」を受けることで、「聖人」に近づいてゆけるとするなら、その学問の道筋は、そのまま「天」への挑戦であり、やがて「天」を克服してしまう日が来ることになる。この意味から、荀子は、人間による「天」の概念の超克を語らないわけにいかなくなるはずである。『荀子』天論篇《てんろんへん》を見ることにしよう。

天の運行は、つねにその営みがつづくもので、聖王の堯《ぎょう》（彼を先ほどの聖人と見ていたかは、はっきりしない）がいたから、天の運行があるわけでもないし、悪逆の桀王《けつおう》のために運行が止まるようなものでもない。良い政治を行なえば結果はおのずと良くなる。だから、おのずと吉《きち》なのである。悪い政治を行なえば、結果はおのずと悪くなる。だから凶なのである。国の根本の産業である農業を強化し、歳出をおさえている政治に対して、天は貧困をくだすことはできない。休養を十分にとって適切な運動をしている者に対して、天は病気を与えることはできない。正しい道に従って生きている者に、天は災いを与えることはできない。いずれの場合でも、人間の行ないのほうが問題なのである。

だから、きちんとしていれば、洪水や日照りがあろうが飢えることはない。それを、「天罰だ」と騒ぐような悪い行ないを日ごろしていることのほうに問題がある。気候が寒かろうが暑かろうが、病気になったりしない。妖怪《ようかい》の類《たぐい》が出現して凶運をまきちらすこともない。逆に、農業をだめにしておいて、歳出はしほうだいであったら、「天」だって富の与えようはないし、休養もとらずに、適度の運動もしない者を、「天」だって健康にしてやることはできない。正しい道にそむいて、でたらめなことをする者に、「天」が吉運をさずけてやったためしがあるか。

こうしたことをしていると、洪水や日照りがなくても飢えるし、寒い暑いのゆさぶりを受けなくても病み、妖怪が出なくても凶運にみまわれる。同じ時代に生きているのに、こちらには治政がない。そうしておいて、「天」を怨《うら》んではならない。みな、自分自身で呼び寄せた結果であり、「天」とは関係がないからである。

つまり、「天」の運行と人間世界における因果とをはっきり区別できれば、たいした人物（至人《しじん》）と言えよう。

要するに荀子は、人間として十分に努力をしないくせに、「天」に責任を押しつけるなと言っているのである。「天」をあてにしないでも、人間はまじめに、まともに生きて行けるはずではないか、と。この論法に従うならば、例の「運命論」が非難・否定されるべき考え方となる。

「別に努力なんかしたって意味はないぜ。成功・不成功はすでに運命で決まっているんだ。努力しなくたって、成功する運命を持っている奴もいれば、いくら努力したって不成功に終わる運命を持っている奴もいるんだ」

という、例のあれである。荀子はさきほど、

「天は万物を生む能力はあるが、それ以上のことはできないのだ」

と言っていた。その言い方を押し通すなら、「天命」、天が与える運命について、否定的に見なくてはならなくなるはずである。一方で「天」の能力を小さく考えているのに、別の一方で「天」が与える「運命」を大きく言うことは、矛盾《むじゅん》であるからだ。しかし、荀子が子游の系統を通じて孔子の学問の延長上に位置するとなると、ある程度は、「運命論」におつきあいしなければならないのである。それはなぜか。孔子と子貢との問答をご記憶だろうか。再掲しよう。

孔子「誰もわかってくれないなあ」

子貢「そんなことはないと思います」

孔子「運命を嘆くのはよそう。他人のせいにするのもやめよう。一生懸命、学問をして、うんとりっぱな人間になるのだ。そうすればきっと、運だって向いてくる」

（『論語』憲問篇）

ここで孔子は、「天」のせいにするのはよそうと言いつつ、やはり「天」に期待をのこしている。孔子がそうである以上、荀子も、みずから孔子の学統の正統的継承者であると称する以上、完全に「天命（運命）」を否定してしまうわけにはいかないのである。だから、こういうことが考えられる。『荀子』という書物の中で、荀子の言い分が、あちらとこちらで揺れ動いているようで、不安定な、不徹底な感じがあるのは、その学統を意識するがゆえに、そうなってしまうのではないか。たとえば、今の孔子と子貢の問答の中の孔子の言葉を、はっきり意識していると思われる一節が、『荀子』栄辱篇《えいじょくへん》にある。

明るい場所を好む魚が、時として、明るい場所にあがりすぎ、いつしか潮が引いて砂の上に取りのこされる場合がある。そうなってしまってから、「水がほしい」と願っても手おくれである。災難にみまわれてしまってから、身を慎んでも遅いのである。自分自身をよく知っている者は、自分に責任を感じるから、他人を怨まない。

自分の使命を自覚している者は天を怨まない。他人を怨むことしかしない者は、結局行き詰まってしまい、天を怨む者は、きちんとした自分の意志を持たぬ人間である。自分自身が原因で失敗したのに、他人に責任を押しつけようとするのは、ばかげたことである。

さきほどの孔子の言葉のうち、「運命を嘆くのはよそう。他人のせいにするのもやめよう」の部分の訓読は、「天を怨《うら》まず、人を咎《とが》めず」である（「怨む」は、古文で上二段活用なので、古来、「怨みず」と訓《よ》まれる）。荀子が、孔子の影響下を脱することはできなかった（脱するわけにいかなかった）さまが見てとれる。

もう一つ、別な考え方もできる。荀子は、自分の門弟たちに、孔子以来の学問を講義する場合には、すなおにそのままを教えたのだが、自分の学説（礼のことや、天のこと、聖人のこと、性悪のこと）については、堂々と自説を講じた。のちに書物としての『荀子』がまとめられた際、両者をそのまま合体して編集してしまうと、くいちがう部分が出てくるので、門弟たちは苦労して、文字をいじくったりした。

そのために、かえって、『荀子』の内容がわかりづらくなり、新たなくいちがいまで生じてしまったのではないか。私たちは、『荀子』のあちこちのくいちがいを、何とかして統一的に読もうとしてしまうが、それは、場合によってはいじくられた文字に、拘泥《こうでい》してしまうことになる。かえって大づかみにしたほうが、荀子の思想は理解できるのかもしれない。

もう少し、『荀子』天論篇を読んで、荀子の立場を確認しよう。

世の中が治まったり、乱れたりするのは、「天」のしわざなのであろうか。——太陽や月、星が規則的に循環するのは、聖王の禹《う》のときも、暴逆の王であった桀《けつ》のときも同様であった。禹の時代だったから、太陽や月が規則的だったわけではなく、桀の時代もそうであった。しかし、禹の時代、世の中は治まり、桀の時代には乱れた。世の中の治乱《ちらん》は、「天」のしわざではない。では、春夏秋冬の時節が関係するのであろうか。——春と夏に、芽ばえと成長があり、秋冬に収穫して貯蔵するのは、禹の時代も桀の時代も同様であった。治乱は「時節」とは関係がない。では「地」が関係するのか。——土地があればそこから収穫を得て生きてゆけるが、土地がなくては死んでしまう。

これも、禹と桀で違いはない。治乱は「地」とは関係がない。こういう詩がある。「天が高い山（岐山）をつくり、古公亶父《ここうたんぽ》*6がここに移り住んで国を大きくし、周《しゅう》の文王《ぶんのう》がその国を安定させた」と（『詩経』周頌、天作篇）。天が環境をつくり、人間が国を安定させる。ちょうどよい例である。

ここでは、「天」があくまでも自然的作用をするのみで、善い王がいれば祝福し、悪い王には滅びをくだすようなものではないことを、くりかえし述べている。前に見たように、荀子においても、「天」は万物の生み主《ぬし》であった。だが、それだけである――とするならば、老子《ろうし》が、「天地は仁愛のないもので、万物を祭りに使うワラの犬と同様にあつかう」と言っていたのと、どこか似ているような感じがある。もう少し、つづきを読もう。

「天」は、人間が寒さをいやがるからといって、冬をやめてくれはしない。「地」は人間が遠いと不便で困ると言っても、狭くなってはくれない。君子《くんし》（りっぱな人物）は、小人物《しょうじんぶつ》がギャアギャア言っても、正当な行ないをやめない。「天」に一定の法則があるように、「地」に一定の状態があるように、君子にも一定の姿勢がある。しかし、小人物はいつも自分の利益だけをねらっている。こういう詩がある。「正しい礼儀に従っているなら、他人の非難など、こわくない」と（『詩経』に見えない。こういう詩を佚詩《いつし》と呼ぶ）。

ここで、荀子は「天」を論じつつ、再び「礼」を持ち出した。くりかえしになるが、荀子は、「礼」という「外側からの規制」を人間に加え（これは「管理する」という意味も生じる）、この「社会規範」を徹底させることで、人々を「善」に導き、平和な世の中を実現することを主張した思想家であった。
孟子が「性善」を信じ、人間は、説得されれば、おのずと「善」に目覚めるとしたのといちばん違う点は、荀子が「外側からの規制」を打ち出した点である。「外側からの規制」なら、当時の覇者たちにとっても、実行の目標となる。孟子の主張では、「覇者から人民への働きかけ」と呼ぶには、具体性に欠けている。荀子は、具体的な「外側からの働きかけ」である「礼」を提示した分、孟子より「現実的」であったし、より「政治的」でもあった。

礼の問題点

しかし、「礼」にも問題はある。ひとつは、現在の体制を維持し、固める働きがある点である。位の高い者を尊び、年長者を敬う。これは、この限りにおいてはよいが、人は「年長者」には、いずれなるけれども、「位の高い者」には、なれない人間がほとんどであろう。荀子は、学問による修養を重んじ、『荀子』勧学篇《かんがくへん》では、学問は「礼」を学ぶことに尽きることを言い、しかも、
学問は死ぬまで継続しなくてはならない。学問の課程には修了のときがあるが、一瞬たりとも学ぶ精神を失ってはならない。人間なら、それができるのだ。

と言う。ここに問題の種がある。懸命に学問をし、一流の学識と人格を身に付けた者でも、「位の高い者」になれるとは決まっていない。「現実」には、自分よりはるかに劣る人間が上位にいたりする。「礼」はそういう相手に対しても、実行されなければならない。東晋《とうしん》の陶淵明《とうえんめい》*7（三六五―四二七）は、

「わずかばかりの給料のために、あんな奴《やつ》の前に拝伏《はいふく》できるか」

と言って、強い拒絶反応を示した。が、陶淵明のような人は、荀子の立場、あるいは儒家《じゅか》の立場からすると、

「人間として、おのれの分《ぶん》をわきまえていない」

となる。しかし、陶淵明が感じたような、くだらぬ人間の前にひれ伏さねばならぬ屈辱感は、誰の責任か。そういう「くだらぬ人間」に位を与えた君主にあるのではなくて、陶淵明自身にあるのか。――そう考えてくると、人間が「すべてを自分の責任とする」ことは、現実的に不可能なことになりはしないか、ということである。

「礼」を採用することは、現状の体制の維持ができるという利点があるが、くだらぬ人間が上位の官に任ぜられれば、いつでもその「現状」をも維持してしまう。荀子の主張する「礼治《れいち》」が理想的に可能となるのは、その体制を引っぱる者（当時の覇者）が、荀子が言ったような「聖人」である場合に限られてしまうはずである。とすると、

まず「現実」には、ありえないことになろう。これが問題点の第一である。

次に、「礼」は「外側からの規制」が、人間の内面を高めるはたらきをすることが、絶対の前提条件でなくてはならない。そうでないと困るのだ。心の中では、

「このばか野郎め」

と思いつつも、その前に拝伏すれば、とりあえずは「礼」になってしまう。さきほどの陶淵明が、くだらぬ相手に拝伏してしまえば、ちょうどそのかたちかもしれない。屈辱感をこらえ、あるいは心の中で相手をののしっていたとしても、「拝伏」というかたちで、「外側」に表現されたものは、「礼」である。まさか相手も、拝伏を受けたのに、

「お前、今、心の中でへんなことを考えたな」

と怒るわけにもいかない。学生がアルバイトをして、いやな客に会い、心の中では「二度とくるな」と唱えながら、にっこりつくり笑顔で、

「ありがとうございました」

と言うケースもある。このとき、「礼」は真心ではなく、真心の「脱け殻」である。しかし、この「脱け殻」は、「礼」として、まかり通ってしまう。これが問題でなくて、何であろう。兵法書『六韜《りくとう》』の文韜《ぶんとう》・文師《ぶんし》篇に、「言語応対は、情《こころ》の飾りである」という言葉がある。現在に伝わる『六韜』が、いつごろまとめられたものである

かは、はっきりせず、『荀子』よりずっとあとであろうけれども、ちょうどこの問題点を衝いている。
荀子は今の問題点の第一について、ちょっと関連のあることを言っている。宋鈃《そうけん》*8が、「侮辱されても、それを侮辱と考えなければ、人間は争わなくなろう」と主張したのに対し、荀子はこう言っている。

人の争いは、相手を憎むことからはじまるのであって、おのれの恥辱からはじまるのではない。人の前で滑稽《こっけい》なことを演ずる者が、人から罵《ののし》られ、ばかにされても争わないのは、人からばかにされたのを恥辱と考えないからであろうか。そうではない。相手を憎む気持ちがないからだ。（『荀子』正論篇《せいろんへん》）

宋鈃との議論であるから、「礼」の問題点と直接むすびつくものとはできないが、こういう言い方では、さきほどの問題点の解決にはならないことは確かである。さきほどの陶淵明は、個人的に「くだらぬ相手」を憎んだり、おのれが拝伏することを恥辱としたというよりは、その当時の世の中（社会体制）のどうしようもなさをなげいたのである。とにかく、荀子は、こういう場合についての議論を残してくれていない。これは、まだ荀子の当時は、荀子の「礼治主義」が採用されていないためもあろう。

実際に「礼」が、前漢の武帝による儒教の本格的採用以後に、その一環として重んじられるようになってから、そうした軋《きし》みが目立ってくるわけであるから。

そして、二番目の真心の「脱け殻」の問題も同様で、「礼」が実際に採用されてもいない時点で考察されることがなかったために、『荀子』に解決が示されていないのであろう。しかし、今まで見てきたように、荀子は冷静な理知の人で、「天」と「人」との分離など、言わば「科学的思考」をさえ持っていた人物である。「礼」の問題点を考えていなかったとは思えない。やはり、「採用前の売りこみ」の段階では、「採用後にこんな問題が生じると考えられますが……」とは、言いにくかったのだろう。とりあえずは、「礼治」の世の中を実現して、平和で安定した社会を築く、これが最優先の課題であったはずである。

人相・予言を否定

荀子は「外側から」の働きかけを重視したが、人間そのものの肉体的外側について、人相を見たり予言をしたりすることを否定している。

人相占いなど、昔は無視されていて、学者でそれに言及した者もいない。古く姑《こ》布《ふ》子卿《しけい》[*9]、現在、梁（魏）に唐挙《とうきょ》[*10]がいて、人相によって、吉凶がわかると称している。昔の人がこれを無視し、学者も言及するにはばかったのは、外形による占いは、心を論ずるにおよばず、心を論ずることは、その人物が心をどう表現したかを観察すべきであるのにおよばない。姿かたちが悪くても、心がりっぱならば、君子である（荘子なら、哀駘它《あいたいだ》などがこれにあたるわけだ）。姿かたちが良くても、心が悪ければ小人物である。

君子なら吉、小人物は凶、それでいいではないか。背が高かろうが低かろうが、痩《や》せていようが太っていようが、美しかろうが醜かろうが、そんなことは吉凶（善悪）に関係ない。昔の人が無視したのも当然のことである。堯《ぎょう》は長身であったそうだ。舜《しゅん》は背が低く、周の文王は長身、周公旦《しゅうこうたん》は低い。孔子は長身で子弓《しきゅう》（古来不明の人物。子游の誤りかとも）は低かった。昔、衛《えい》の霊公《れいこう》に公孫呂《こうそんりょ》という家来がいた。身長は七尺、顔の長さ三尺、それでいて顔の幅は三寸という細長い顔だったそうだ。ところが、天下に名をとどろかす賢者であった。楚《そ》の孫叔敖《そんしゅくごう》は奇形をせおって生まれたが、楚の国を天下の覇者の地位まで導いた。……肉体の外形など、問題ではない。要は中身なのだ。……反対に、夏《か》の桀王《けつおう》や殷《いん》の紂王《ちゅうおう》は、長身でがっしりとした美男子で、筋力も強く、一人で百人を相手にできるほどの傑物であったけれども、その身も国も滅び、天下の大悪人とされ、後世にまで悪名をとどろかせ、悪人の代名詞となっている。

彼らは容貌《ようぼう》には恵まれたが、学問をして見聞を広めることをしなかったために、内容の劣る人間となってしまったのである。現在、村里の伊達男《だておとこ》は、美しくたおやかで、美麗な服を身に付け、婦人のように飾りたて、身のこなしまで、なよやかで女性的である。……しかし、君子はそういう者をいきなり採用しようとはしない。美しいその外形で判断しているのではなく、あくまでも内容で判断するのである（外形が美しくて、内容もあるなら、それは良いと言っているわけ）。……さて外形と心と、どちらで判断すべきか。答えは言うまでもあるまい。

（『荀子』非相篇《ひそうへん》）

「男性の女性化現象」がすでに語られている点に驚かれた読者も多いのではあるまいか。二千何百年も前の話である。いつの世にも、おしゃれで美形の色男たちは、いるものなのだろう。そして、ここで荀子は、内容のある人間は、外形とは関係なく評価されるべきであることを表明した。外形に恵まれぬ者へのまなざしは、荘子の場合と同様、温かい。乱世で、一人一人が利に走って他人を顧みない世の中であるのに、そうなのか。そういう世の中であるからこそ、そうなのか。荘子が哀駘它の寓話で示した、人間の内面の生命の輝きと、荀子がここで提示した人間の「内容」とは、明らかに共通する。沈着冷静な思想家荀子が、荘子とは別の角度からうたいあげた人間賛歌である。

後継者の見た荀子

『荀子』のいちばんおしまいに位置する堯問篇《ぎょうもんへん》の末尾に、いつの誰《だれ》のものかはわからないが、荀子を誉《ほ》めたたえる文章がある。

ある人が、

「荀先生は孔子におよばない」

と言った。しかし、それは違う。荀先生は乱世の圧迫を受け、刑罰の厳しさにも迫られ、上に賢君なく、下には狂暴な秦の脅威にさらされ、「礼」も「義」も見失われ、仁者も苦しめられ天下は暗黒、たとえ完璧《かんぺき》に善いことをしても、かえって讒言《ざんげん》をこうむるような時代に生きられたのである。

知恵があっても考えようはなく、能力があっても治められず、賢者も用いられなかった。君主は正しいものを見分けられず、荀先生のような賢人も受けいれられなかった。そのために、荀先生のような聖人の心の持ち主が、頭がおかしくなったようにして、愚者のふりをなさらなければ、ならなかったのである。……荀先生はよい時代にめぐり会われなかったのである。

もし荀子自身がこの文章を読んだとしたら、自分の著述の末尾に付け加えることを許さなかったであろう。「時代」とか「時運」とかは、人間の外側にある問題である。荀子は、そういうものとは関係なく、自己の修練を一生の課題としていた。もし、荀子が高位高官となり、得意げに人々を見下しながら、

「君たち、人間は一生勉強だぞ」

などと言ったのであれば、嫌み以外の何ものでもないが、荀子の人生は決してめぐまれたものではなかった。それでも、「運命」や他人のせいにすることなく、自分の人生は自分が責任を持つものであるとして、一生をすごした。その気高さに心を打たれる。

礼から法へ

さて、荀子の門弟の中に李斯《りし》と韓非子《かんぴし》がいた。韓非子は、「法律」をもって世の中を強力に規制すべきであると主張した人物である。時代もしだいに私たちに近づいてくるが、「法治国家」に暮らす私たちにとって、とてもなじみ深いシステムであるから、親近感もある。荀子は実は、法律や刑罰について、しばしば言及している。たとえば性悪篇にこうある。

古《いにしえ》の聖人は、人間の性が悪であるから、このまま放置しては、乱れてしまい、治まるまいと考え、上に君主を置くという体制を定めた。そして礼儀を明らかにして「教化」するとともに、正しい法律を制定して人民を治め、重い刑罰を与えて世の中を取り締まり、天下を治政に導いて、善なる世の中を実現しようとした。

こういう荀子の弟子の中から、韓非子が登場してくるのは、当然のなりゆきであろう。だが、韓非子は悲劇の思想家であった。同門の李斯に陥れられ、自殺させられてしまうのである。荀子は「性悪」の立場であった。李斯が悪いことをするようになるのは、その立場からすれば、これも当然の結果かもしれない。

荀子は結局、その立場だけ、弟子の李斯によって正しさを立証され、その教育は実をむすばなかったことになった。これは同時に、「時代」の影響が韓非子におそいかかったことでもあった。荀子が、自分自身については否定して生きぬくことができたことを、韓非子はできなかったわけである。しかし、これは韓非子自身にも責任があったのかもしれない。韓非子は、師の示した方向とは違って、時代の変化、世の中の変化を鋭くとらえ、見すえた人物であった。

＊1　学壇の最長老……「稷下の学」の士は、襄王の前の湣王《びんおう》の時代に斉が敗戦することによって、いったんは離散したが、襄王の時代に再び学士を集め、文化の復興に努めていた。荀子はそのアカデミーの長老だった。

＊2　子夏……前五〇七頃～前四二〇頃。孔子より四十四歳年少。文学にすぐれ、孔子の死後は河北省西河で学問を教え、魏の文侯に仕えた。彼の門下から礼教主義学派が興った。

＊3　蘭陵……現在の山東省嶧《えき》県《けん》のこと。

＊4　歴史書『三国志』の著者陳寿……『三国志』は、後漢の末期から、二八〇年の晋による統一まで、魏・蜀・呉の三国が鼎立《ていりつ》して争った歴史を、蜀の官吏だった陳寿が晋代に歴史家として認められ、叙述した書。

＊5　ニーチェの提示した「超人」……「神は死んだ」あとの人間を根拠づけるものとされた存在。『ツァラトゥストラかく語りき』の中で、ニーチェはツァラトゥストラに「私はきみたちに超人を教える。人間は超克されるべきところの、何ものかである」と語らせた。

＊6　古公亶父……周の文王の祖父。当時殷の支配を受けながら、遊牧民の侵入を避けて渭《い》水《すい》上流の岐《き》山《ざん》の山麓《さんろく》（陝西省）に城壁を築き、大王と慕われた。

＊7　東晋の陶淵明……三六五～四二七。晋（西晋）は匈奴《きょうど》によって、三一六年に滅ぼされたが、翌三一七年に建業（南京）にいた司馬睿《しばえい》によって再建される。この晋を東晋というが、東晋建国の元勲・陶侃《とうかん》の後裔《こうえい》だった陶淵明は、父の代から零落して、偽善的な役人生活をきらい、自然に囲まれた田園生活を楽しみにした。それを謳歌《おうか》した詩は、六朝《りくちょう》詩の白眉《はくび》といわれる。

＊8　宋銒……孟子と同時代の人とされる。非十二子篇では墨子と並記されているが、道家思想家と目されている。『孟子』告子篇・下の宋牼《そうこう》は、宋銒のことだといわれている。

＊9　姑布子卿……春秋時代の鄭《てい》の人で、人相占い師。孔子の人相も、占ったことがあるという。

＊10　唐挙……戦国時代の魏の人相占い師。

韓非子の思想

韓非子《かんぴし》（?—前二三三）の師荀子《じゅんし》は、孟子《もうし》と違い、「現実」を強引に「理想」に近づけようとするのではなく、「現実」に歩み寄り、その上で何が考えられるか、何をすべきかを思索していた。しかし、それでもまだ「理想」と「現実」のギャップは大きく、彼の主張する「礼治」の政治では、天下が統一されることはなく、諸侯たちの「国家」も、安定したわけではなかった。

もう一つ、荀子には、前の章で記したように「近代人」という意識があった。太古の昔とは違うのだ、近代的な社会を営むところまですすんだ近代人なのだ、という意識である。

私たちは、自分のことを「近代人」であり、「現代人」であると思っている。しかし、そのために、荀子の当時にあって、荀子が当時の人間のことを「近代人（荀子の言葉で言えば、今人《きんじん》）」と意識していたことを忘れがちである。「今から二千何百年も前の古代人である」と、勝手に決めつけてしまい、それ以上には考えようとしない癖《くせ》がついてしまっているのだ。

これはとんでもない先入観である。私たちだって、このあと五千年ぐらいたてば、年表の上で「古代人」の位置に置かれるだろう。そのことを考えもせず、今のところ、えらそうにしているだけではないか。私たちはいつまでも「近代人」ではいつづけられないのだ。

韓非子は、そういう「時代の変化」を、しっかりと見すえた思想家であった。その点は「現実」に歩み寄ってみせた師の荀子の影響とも言えるであろう。しかし、「時代の変化」をしっかり見すえるということは、師の荀子の主張をも、いずれは「時代の変化に対応しない古い思想である」として、しりぞけなければならない日がくるという面を持っている。韓非子は、やがて「現実」をその理論で完全につかまえ、戦国時代を終結させることになる。だが、彼は秦《しん》の始皇帝による「天下統一」を見ることなく、自殺させられてしまう。

韓非子は、師の荀子ゆずりの精緻《せいち》な論理と、荘子《そうし》を彷彿《ほうふつ》とさせるような巧みな寓話《ぐうわ》の両方を兼ね備えた、非常にすぐれた頭脳の持ち主であった。そんな彼が、「時代の変化」を説明したあまりにも有名な寓話をご紹介しよう。

　宋《そう》の国で、農夫が畑を耕していた。畑の中に木の切り株があり、たまたま走ってきたウサギが、その切り株に激突し、首を折って死んだ。喜んだ農夫は鋤《すき》を捨て、毎日、切り株の見張りだけをして、ウサギがまた激突するのを待ちつづけた。

しかし、二度とウサギは切り株に激突せず、宋の国じゅうの笑い物となった。現在の世の中に、その昔においては有効であった先王《せんのう》の教えを用いて、現在の人間を治めようとすることは、もう一度当たりが出ることを期待しながら切り株の見張りをしているようなものである。

（『韓非子』五蠹篇《ごとへん》）

北原白秋《きたはらはくしゅう》（一八八五―一九四二）の「待ちぼうけ」に変身して、有名すぎるほどの寓話だが、その二千年以上前の韓非子においては、政治というものが、その時々で変化すべきものであることを言っている。以前には有効であった手法が、いつまでも有効ではない――むしろ、こちらのほうに真実があるとするのである。たしかに、時代が変われば、道具なども変わり、それにつれて認識も新たになる。

たとえば、我が国の平安時代、疫病《えきびょう》が流行すれば、「不遇《ふぐう》にして世を去った菅原道真《すがわらのみちざね》＊1（八四五―九〇三）どのの怨霊《おんりょう》のせいだ」と言えば、いちおう納得できる説明となり得た。が、今日では電子顕微鏡の発達で、よほど小さいウイルスでも確認できているので、そういう「説明」では、説明にならない。さらにもっと顕微鏡が進歩したら、そのウイルスに寄生している別のウイルスが見つかったりするかもしれない。もし、そうなると、「説明」はさらに新しくなるだろう。たとえば、「今までは、あるウイルスAが人間の体内にはいることで、病気が起きると考えられていたが、それは違う。

ウイルスAにウイルスBが寄生していると、人間が病気になるのであって、ウイルスA単独では、病気にはならないのである」

などというぐあいに。さらにまた進歩すると、今のたとえ話のウイルスBに寄生する、もっと小さいウイルスCが見つかったりするかもしれない。

牛山もかつて緑なりき

たしかに世の中は移り変わる。韓非子の当時も、激しく流動していたことだろうが、実は孟子が、自分の「性善説」を説明する喩《たと》え話にも、紀元前三～四世紀ごろの変化が反映されているのである。

孟先生が言われた。

「牛山《ぎゅうざん》*2の木も、かつては美しかった。しかし、牛山は大都市に近いところにあるため、人々が斧《おの》を持って山にはいり、伐《き》りつづけたために、豊かな緑は失われたのである。自然の営みは、別段《べつだん》変わらず、雨が降り、露が降《お》り、伐られたあとの草木も芽ぶいた。

しかし、木々がなくなった山は、牛や羊の放牧に、もってこいの場所となり、ついにあのような、ツルツルの禿山《はげやま》となってしまったのだ。現在のあの山を見て、あの山には豊富な木材資源があったのだと話しても、信用されまい」

（『孟子』告子篇《こくしへん》・上）

孟子は、山のせいではなく、そこに人の手がはいったことで山がだめになったことから、人の本性は「善」だが、そこに悪い手がはいるから、悪くなるのだ、と主張している。ここに、いわゆる環境破壊の姿がある。それと引きかえに、人間が豊かに暮らせるのだから、という理屈もあろうし、それに真《ま》っ向《こう》から反対する立場もあることは、孟子の当時も変わらなかったように思われる。

韓非子の時代は、それから百年はのちである。もっといろいろな開発もすすんでいたろう。そういう変貌《へんぼう》の姿を、韓非子は見ながら育った。変化する世の中の「今」に、最も当てはまるのは何か。韓非子の基本的姿勢はここにあったと言えよう。

進化論を語る

さきほどの「切り株」の寓話を含む五蠹篇は、一種の進化論を語る巻で、韓非子の、社会の変化に対する認識をよく示しているので、次にそこに注目してみよう。

上古《じょうこ》の時代、まだ人間は少なく、鳥や獣のほうが多かった。人民は鳥や獣、虫や蛇、こういった相手に勝てずにいた。やがて聖人が現れ、木を組み立てて巣をつくり、いろいろな害を防ぐことを教えたので、人民は喜んでその聖人を「王」として戴《いただ》き、「有巣氏《ゆうそうし》」と呼んだ。人民はそのころ、木の実や草の実やハマグリのような貝を食べていたが、それらはやがて腐敗していやな臭気をはなち、食べると腹をこわし、大変であった。そこに新たな聖人が現れ、石を打ちあわせて火をおこし、火で食べものを熱することを教えた。人民は喜んでその聖人を「王」にかつぎあげ、「燧人氏《すいじんし》」と呼んだ。中古《ちゅうこ》の世になると、夏《か》王朝の禹《う》と鯀《こん》が大洪水を防ぐため、川筋を整えた。近古《きんこ》の世になり、夏の桀王《けつおう》や殷の紂王《ちゅうおう》が暴逆の行ないをし、殷の湯王《とうおう》と周の武王《しゅうぶおう》がそれぞれを征伐した。さて、禹や鯀の時代に、「木で巣をつくる」とか「火を使う」とかを自慢げに言い出しても、禹や鯀から笑われるだけであろう。

殷・周の時代になって、「川筋を整え、洪水を防ぐのだ」などと言い出したら湯王や武王に笑われるのがオチだ。順に考えてくれば今の世の中に、堯《ぎょう》だの舜《しゅん》だの湯王だの武王だのの道を誉《ほ》めあげてみても、現代の新しい聖人に笑われるに決まっていよう。聖人は、遠い過去のことに手本を求めず、お決まりの手段にのっとらず、今の世の中のことを論究し、その正しかるべき方策を確立するのである。

老子《ろうし》は、理想の国を、「国土は小さく、人民は少なく」と言っていた。韓非子によると、大昔はそうだったことになる。韓非子の側から見るならば、老子は太古の昔を理想としているととらえることになる。

さて、韓非子は、人間の進化の筋道を見つめ、政治も合わせて変化してゆくべきであると主張した。きわめて妥当な考え方に見える。孔子《こうし》以来、いろいろな思想家を見てきたけれども、いずれも「現実」とは違うところに「理想」を持っていて、その「理想」の実現のために、おのれの思想を語り、「現実」の中で苦闘していた。その「理想」は、彼らにとって、「絶対にゆずることのできない理想」であった。たとえ、「現実」に歩み寄りを見せたとしても、その「理想」には、いささかの動揺も、妥協もなかった。

しかし、韓非子は違う。その時代、その時代の「現実」に、ぴったりと当てはまる考え方をこそ「正しいもの」とし、「理想」とした。ここに彼の独創性がある。そして、韓非子は、自分の思想が、(彼の当時の) 現代を最高に正しくとらえたとしても、それはウサギが切り株に当たったような一瞬の出来事であり、時がすすめば、今の自分の思想も、世の中と合わなくなり、古くなってしまう日がくることを覚悟していたはずである。彼は、そういう意味からして、新しいタイプの思想家であった。たとえば、彼の師の荀子は、こういう人間社会のことについて、進化の筋道からとらえるのではなく、はじめから、「人間社会だけは他の動物の類《たぐい》と違う」という区別の認識から出発していた。

人間は力は牛にかなわず、走っては馬より劣る。それなのに、牛や馬を自分たちの望むように使いこなせるのは、なぜか。人間は高度な群れ（社会）を組織できるが、牛や馬には、そこまでの組織をつくる能力がないためである。

（『荀子』王制篇）

荀子は、「青《あお》は藍《あい》より出《い》でて、藍《あい》より青《あお》し」という言葉で（『荀子』勧学篇《かんがくへん》）、師を超えてゆく弟子を象徴していたが、韓非子にこそその言葉は贈られるべきであったろう。もう少し五蠹篇《ごとへん》を読みすすめよう。

古代においては、男は耕作せずともよかった。農耕をしなくても、草木の実だけで十分暮らしていけたからである。女は織物をしなくてもよかった。鳥や獣の皮で十分足りていたからである。無理に力を出して働かなくても、生きてはゆけた。人民の数が少なかったから、天然資源は余るほどで、人民は争わなくてもすんだ。それゆえに、手厚いほうびを約束しなくても、重い刑罰を与えなくても、おのずと平和であった。

現代はどうか。子が五人いる程度では多いほうではないが、その子がそれぞれ五人の子を持てば、孫の代は二十五人。祖父母にあたる者が健在なうちに、人数はふくれあがり、孫の次の曾孫の代になれば……と人間の数がどんどん増加してゆくことで、天然資源や蓄えておく財貨は足りなくなる理屈である。

かくて、無理に力を出して働くのに、得られるものの一人分は減ってゆき、争いが生まれるようになった。ほうびを倍にし、刑罰をやたらと加えても、混乱は避けられなくなったのである。

韓非子は、こういう人類の進展の結果、「多く分取る者」と「少ししか取れぬ者」の二つに分かれてゆくことに注目した。貧富の差である。「いくら働いて増産をしても、一人あたりの取り分は大昔より少なくなっている」と考えているのだから、かりに現在ある貧富の差を全部ならして、平均してしまったとしても、その結果の「一人分」は、大昔より少ないことになるはずである。貧富の差も、世の中がすすむにつれて大きくなる、と韓非子は考えていたようである。つづきを読むとはっきりしてくる。

堯が天下を治めていたころ、茅《かや》ぶき屋根の端を切りそろえることもなく、屋根を支える垂木《たるき》も皮を削らず、粗末な黍《きび》を飯にし、藜《あかざ》や豆の葉の汁を飲み、冬は子ジカの皮を着て、夏は葛《くず》の衣（これは織らなければつくれまいが）、村の門番より質素であった。しかし、これが王者自身の生活ぶりであったのだ。禹が王となったとき、みずから鋤《すき》や鍬《くわ》を手に、人民の先頭に立って農耕をしたので、腿《もも》には余分な肉がなく、すね毛さえ擦り切れてないという姿であった。現代の奴隷でさえ、もう少しマシであるかもしれないほどであった。以上のことから、古代においては、「帝王の位を譲る」と言っても、門番が交代するか、奴隷が務めから解放されるようなものであったことがわかる。

とすると、別に「位を譲った」からといって、偉いわけでもないことになる。ところが、現代の、貧富の差がはっきりしている世の中では、県の長官が、任期中に突然死したとしても、子子孫孫まで馬車を乗りまわせるほどの財を蓄えているから、誰でも、うらやましいと思いつつ、その地位を重んじるのである。古代には、帝王の位さえ人に譲るのが簡単であった。

しかし、今や県の長官という程度の位でさえ、手ばなしたがらない。これは、おのれの「取り分」の多いか少ないかによるのである。

本当に堯や禹（あいだの舜は省かれているが）は、こんな生活をしていたのか、疑問を感じないでもないが、要するに韓非子は、貧富の差に注目し、「貧富の差があると、誰だって富者になりたく思うのは、当たり前だ。しかし、現在その貧富の差がある世の中である以上、その現状をふまえて、方策を考えなければならない」というぐあいに話をすすめていくのである（富と高貴な身分とは誰でもほしがる――『論語』里《り》仁《じん》篇にそうあった。韓非子よりずっと前の孔子のころだってそうであった）。

昔と今とでは風俗習慣も違うから、それぞれに応じた策が練られねばならない。ゆったりとした時代の策で、動きがはやい忙しい世の中を治めようなどと考えることは、たづなも鞭《むち》も持たないで暴れ馬に乗って、「しーずーかーにーしーしーろーよー」と命じているようなものである。大ばか者である。現在、儒者や、墨子《ぼくし》の系統を引く墨家《ぼくか》の連中が、「自分を愛するのと同じように他人を愛する。古代の聖王は人民を我が子のようにかわいがった」とか、「刑が執行されると、君主は音楽をやめ、死刑の判決がくだっただけで涙を流した」とか言って、古代の聖王をたたえている。

しかし、親子であれば絶対に仲がいいとでも言うつもりなのか。父母のほうは子に愛をそそぐが、それだけで「問題のある家庭」が一軒もないことにはならない。君臣の関係を、「我が子のように」などというところへ持って行って、それで必ず治まると考えるのは、誤りだ。

いよいよここで、儒家《じゅか》荀子の門人韓非子は、「儒家ばなれ」の宣言を行なった。そして、つづいて儒家が孔子をたたえる姿勢を批判する。ただし、孔子その人を批判しているのではなく、（韓非子の）現代に、孔子をかつぎ出して自説の主張を行なう儒家への批判である。

そもそも人民というものは権勢・威勢といった「勢い」に服従するもので、「義」だのに慕い寄るものではない。孔子は天下の聖人であった。自身の道を明らかにし、修業を積んで、全国各地に遊説した。各地でその「仁」の説は喜ばれ、「義」の説には賞賛が集まった。しかし、心の底から孔子に服した者は七十人の弟子だけだった。喜ばれ、賞賛されたといっても、全体から見れば、ほんのわずかであった。天下中で七十人しかいなかったのだから。そのわずかの中でさえ、孔子と同じレベルに達した者は、孔子以外になかった。魯《ろ》の哀公《あいこう》は、たいしたことのない君主であった。

しかし、彼がひとたび南の方角を向いて立てば（南面《なんめん》*3、という）、魯の国中の人民が、服従した。人民は権勢に服従するのである。権勢の差で哀公は君主に、孔子はそれに仕える顧問官となった。孔子自身も、哀公が「義」に篤《あつ》いから臣下になったわけではない。権勢の差なのである。

もし、「義」の高さから言えば、孔子が君主で、哀公は臣下にならねばならないはずである。しかし、権勢が違うから、「義」に劣る哀公が孔子を自分の臣下にできたのである。今の儒家は、

「つとめて仁義の道を実行なさるべきです。権勢をふりかざさなくても、聖王になれます」

と言い、君主には孔子になるよう求め、人民の全員に孔子の弟子たちと同じようになるよう求めている。できるはずのない話である。

韓非子は、太古の昔と「今」の違いを、さきほどは「貧富の差」にとらえ、ここでは「権勢」に注目して、把握してみせた。そしてこの「権勢」という概念は、法律主義を唱える韓非子にとって、切り札とも言うべきものであるが、そのことは、あとで解説することにして、さらに五蠹篇を読みすすめよう。

愛に驕り、威に聴く

今、ここに、できの悪い子がいたとしよう。父母が叱《しか》っても行ないをあらためず、村の者が責めても心を動かさず、学問の師が教え戒めても態度を変えない。父母の愛、村人の説教、学問の師の知恵の三つの麗《うるわ》しいものが加わっても、すね毛の一本さえ向きを変えない。ところが、役人が官兵を動員し、公《おおやけ》の法律を駆使して、悪い者を取り締まると、急におそれて態度を変え、日ごろの行ないをあらためる。こういう実例はいくらでもある。

だから、父母の愛でも子を教え導くには足りぬ、必ず役人の厳しい刑罰に期待しなければならないと言える。人民は、降りそそがれる愛に対しては驕《おご》りたかぶって言うことをきかず、権勢の威力にはひれ伏すものなのである。……聡明《そうめい》なる王は、法律を厳密に運用して刑罰を公平に執行する。普通の運用のしかたでは布きれが道に落ちていれば、平凡な人間は拾ってネコババしてしまう。しかし、金の塊となると、大泥棒の盗跖《とうせき》*4も拾いあげない。

これは、刑罰を受けずにすむから、布きれをネコババし、捕まったら処刑されそうだから金の塊に手を出さないという程度にすぎない。聡明なる王は、どちらの場合にも、きちんとした処罰を行なうのである。その反対に、恩賞を与える場合には、きちんと与え、言うことをきくと利得があることを示せば、人民は君主の期待する方向に動く。刑罰は厳重にして、恐怖を与えるくらいがちょうどよい。

そのためには、法令を広く人民に知らせるのがいちばんである。

恩賞を与えるときは物惜しみやごまかしをせず、刑罰は正しく公平に容赦なく行なう。恩賞を得た者の評判が広まり、刑罰を受けた者の悪名が話題になるようにすれば、賢者であろうが、そうでなかろうが、全力で君主のために奉仕するようになる。


韓非子の言う「権勢」を支えるものは、厳密なる法の運用と、約束通り与えられる恩賞である。これらが、君主の気分で刑罰が軽くなったり重くなったり、あるいは武将にやるだけやらせておいて、急に、

「敵には勝ったけれども、我が国の武器の損害もひどかったので、恩賞はその金額を差し引いて与えることにする」

などと言い出したりするようではいけない。「信賞必罰《しんしょうひつばつ》」ということである。

君主の七つの術
『韓非子』内儲説《ないちょせつ》*5・上に、
君主が臣下を統御する七つの術（方法）がある。一つは、多くの証拠を参照して

判断をくだすこと。二つは、罰すべき者は必ず罰して、君主の権威を明らかにすること。三つは、賞すべき者には必ず信実の賞を与え、全力を出させること。四つは、多くのものの中から信頼できる一つの証拠を選び出して、きちんと臣下を責めること。

五つは、わざとへんな命令を発してみて、臣下の反応をうかがうこと。六つは、知っていることを、わざととぼけて質問して、臣下の反応をうかがうこと。七つは、わざと逆の発言や行動をしてみて、臣下の反応をうかがうこと――この七つである。

「信賞」「必罰」はこの二、三に見える。一と四が本来、順序としてつながるところに、「信賞」と「必罰」が割りこんだかたちである。それだけ重要視しているわけである。

ところが、どうやら韓非子の「現実」は、「信賞必罰」の世界ではなかったらしい。老子が、「大道が荒廃してしまったために、仁《じん》だの義《ぎ》だのが主張されるようになった」（『老子』第十八章）と逆説的なことを言っていたけれども、まさに、韓非子の言うような「信賞必罰」の世の中であったら、韓非子は「信賞必罰」を口にする必要はないはずである。五蠹篇[*6]でついに韓非子は「現実」の世の中について、語りはじめる。

ところが今の世の中は、そうではない。功績に対して爵禄《しゃくろく》が与えられても、たいしたものではないので、世の中の人間は、「あの程度の官職に就いてもしかたない」と軽視している。農業がふるわないからと、農家に賞を与えて励ましても、世の中の人間は農業を軽く見ているから、さして効果はない。

「お前を召しかかえたい」と言っても、世の中の人間は、お召しに応じないでツッパったり、世をすねてみせる人間のほうを高尚な存在だと拍手を送ったりする。禁令を犯した者を処罰しようとしても、世の中の人間は、「たいした勇気の持ち主だ。かっこいい」とはやしたてたりする。賞を賞と思わず、罰を罰と思えないのは、そういうふうに思わせてしまう政治が悪いためである。

「信賞必罰」でない法律だの禁令だのを発布してみたところで、世の中に混乱をまねくばかりである。たとえば、兄弟が人から害を与えられた場合、法律によらないで、相手をたたきのめすと、「まっすぐな人間」と許され、友人が侮辱された場合に、すぐに復讐《ふくしゅう》すると、「信頼できる奴《やつ》」と誉められる。こんなことでは、君主が定めた法は、何のためにあるのかわからない。それなのに、今の君主は、そうした復讐を尊重したりしているのだ。これでは、私闘を禁じようと役人ががんばってみても、世の中の私闘の数が多すぎて、とても対応しきれない。

また、今の世の人間はみずから労働に従事せずに、舌先三寸で生きている人間のことを「有能だ。頭がいい」と評し、戦功を挙げることもないのに、君主の身近にいて高位についている者を、「賢明だから、ああなれるのだ」と誉める。これらは公《おおやけ》に誉められるようなものではなく私行《しこう》、勝手な行ないの結果である。そして、こういう者たちがまかり通れば、農地は荒れ、軍も弱体化する。私行が成り立つと公利が失われるのである。

このあと、韓非子は、ここに見えた「舌先三寸の人間」などがいると、国家はだめになるから、君主はそういう連中を廃さなければならない、と主張する。そういう連中は、たとえば国家という大木に寄生する蠹《きくいむし》である。かくて、この巻を「五蠹篇《ごとへん》」というのである。

それにしても、今の部分を読んで、現代の日本の情勢と似た点がいくつもあるのに驚かれた読者も多くおいでのことだろう。いわゆる「バブル経済」のころ、サービス産業ばかり振興して、基幹産業である農・工・漁業などは、「ださい」という妙な言葉で評されたり、「三K（きつい、きたない、きけん）」と言われたりしていた。

韓非子の時代も、とにかく経済は活発で、大もうけをする人間も、ぞくぞくと登場していた。戦争がらみで、自分が金銭援助した国が勝つと、途方もない利権が得られたり、目先がきいて、資本があれば、大金持ちになれる。そのへんの実例を集めているのが、『史記《しき》』の貨殖列伝《かしょくれつでん》である（岩波文庫、ちくま学芸文庫などに翻訳がある）。さすがに司馬遷《しばせん》は、そういう経済の歴史も見のがさない人であった。

韓非の人がら

ここで、いったん目を転じ、司馬遷が描いた韓非子の人生を見ておくことにしよう。『史記』韓非伝である（韓非子の子は、例によって先生の意）。

韓非は、韓の国（晋《しん》が分裂して、韓・魏《ぎ》（梁《りょう》）・趙《ちょう》になった、そのうちの一つ）の若殿の一人であったが、勢力の順位は低かった。法律の運用学と、形式と実体の判断学を喜んで学んだ。その根本のところでは、あきらかなる法に結論をゆだねれば「無為《むい》」、老子の言う、なすことなくして世の中は治まるという点に帰着する。韓非は吃音症《きつおんしょう》のため、人前で華麗な弁舌をふるえなかったので、かえって深く著述に専念し、見事な成果をあげた。李斯《りし》とともに荀子の門に学んだ。

李斯は、「とても韓非にはかなわない」と思った。韓非は、自分の国の韓が、弱体化してゆくのを見て、何度も韓王に上書して、改善をすすめた。しかし、韓王は、韓非の意見を採用できなかった。韓非は、

「国を治めるには、法律で制度を整え、君主の権勢を確立し、臣下を統御し、国

を富ませ、軍を強くすべきである。ただし、賢者などはあてにしてはいけない。蠹《きくいむし》のような連中を、実際に功績を有する人間の上に位置させてはいけない。儒家や墨家の徒は、きらびやかな文辞を弄《ろう》して法律の運用のさまたげとなるので、用いてはいけない。任侠《にんきょう》の徒は武力で禁令を犯す。

世の中がゆったりとしているなら、名のある人をかわいがってもかまわないが、風雲急を告げる時代には、鎧兜《よろいかぶと》を身に付けた将兵を重く用いなくてはいけない。それなのに今は、かわいがっている者は戦場で役に立たず、役に立つ将兵のほうが十分に待遇されていない」

と主張し、清潔で正しい者が邪悪な臣下たちに行く手をはばまれる現状を悲しんだ。そして、古来の歴史を観《み》て、得失を考え、孤憤《こふん》、五蠹《ごと》など十余万字の著作を完成した。しかし、それらをもってしても、韓の王を説得することは困難であることは、わかりきっていた。

それゆえ、説難篇《ぜいなんへん》が精彩をはなつことになっている。韓非は過去に商鞅《しょうおう》（「百家小伝」参照）の法術*7を採用したことのある秦《しん》に行ったが、結局秦の地で、李斯の暗躍により、自殺させられてしまった。みずから、説難篇で君主に「説」くことの困《こん》「難《なん》」さを見事に述べながら、自分自身に降りかかってくる災難からは逃れられなかった。

このあと、司馬遷は『韓非子』説難篇から、文章を引用し、さらにそのあとで、秦《しん》王《おう》の政《せい》（のちの秦の始皇帝）が、著者が誰であるかを知らずに『韓非子』の五蠹篇と孤憤篇を読んで、

「ああ、私はこの著者と会い、親しく語りあえたら、死んでもいい」

と語ったことを記している。そういう非常に高い評価を語ってしまったために、自分よりすぐれた韓非が重く用いられては大変だ、と李斯が讒言《ざんげん》を行ない、いきなり韓非は投獄され、毒薬を飲んで自殺するよう、仕向けられた。政は、少しあとになって悔やみ、赦免《しやめん》しようとしたが、韓非はすでに毒薬を飲んで死んでしまっていた。

それでは、問題の説難篇を見、そのあとで、五蠹篇と並んで政から非常に高く評価された孤憤篇を読んでみることにしよう。

説得はむずかしい

説得のむずかしさは、こちらの知識を相手に伝えるのがむずかしいということではない。こちらの弁舌が自分の意図を相手に明らかに伝えられないからではない。また、いささかオーバーなほどの弁舌をふるって自分の意思を相手に伝えられな

いわけでもない。では説得の何がむずかしいのか。相手の気持ちを見ぬいて、こちらの言いたいことを、そこに的中させることがむずかしいのである。相手が人間の節義の気高さを実現しようとしている場合に、「こうすれば、たくさんもうかりますよ」と話しかけたら、「卑しい奴だ。志の低い人間だ」と思われ、失敗する。

逆に、利益を得たがっている相手に、人間の志の高さを語りかけたら、「現実無視の、世情にうとい学者先生よ」と、取りあってもらえない（孟子がちょうどこれにあたる）。あるいは、内心では利益追求を第一に考えながら、表向きは人格を高める話を求める相手がいる。この場合、相手の表向きにつきあってしまうと、表向きだけは、「ありがたいお教え」と言いながら、実は相手にされない。

では、相手の内心にあわせて、利益のあがる話をするとどうなるか。内心では、「しめしめ、これで私はもうかる」と思い、その策を実行する気でいながら、表向きは「利益ですと⁉　私が求めているのは、人格を高めるようなお話です。なんという卑しいことを言われるのか。さっさとお引きとり願いたい」と言う。こちらが、引きとったあと、がっぽりもうけるのだ。こちらには何の見かえりもない。よくよく考えてから、説得にかからなければならない。

こういう場合もある。物事は機密が保たれてこそ成立し、ないしょの話は漏れれば失敗である。が、別に相手の秘密をこちらが漏らすことはなくても、たまたま話しているうちに、相手の秘密に触れてしまうと、こちらは非常に危険である。相手が、表向きは別のことをするように言いながら、内心では違うことをやろうとしているような場合、内心のほうに的中する話をしてしまうことは大変に危険である。

また、自分が話したことが採用された場合、別の論客がその国をおとずれ、王の内心を見ぬいてそれを語ったとする。王は、「あいつめ、秘密を守らずに、ほかでもべらべらとしゃべっていたのだな」と考える。怨《うら》まれ、処刑されるのは自分である。まことに危険である。君主から厚く信頼されていない段階で、かなりの計略を語ってしまってはいけない。その計略が成功しても、たいして誉《ほ》められず、計略が失敗すれば処刑されるおそれがある。危険だ。高貴な人物が、過ちを犯しそうなとき、その悪をあばくのは危険である。高貴な人物が妙計を思いついたとき、その計を察知して語るのは危険である。相手には実行不可能なことを実行させようとしたり、相手がやめられないことを無理にやめさせようとするのも、危険である。さらに、君主の前で、重臣のことを批判すると、「こいつ、我々のあいだに溝をつくろうとしているな」と思われる。君主の前で下位の臣下を批判すると、「こいつ、権力に媚《こび》を売っているな」と思われる。

君主の寵愛《ちょうあい》している者のことを話題にすると、「こいつ、何かの手づるを得ようとしているのだな」と思われる。君主が憎む者を話題にすると、「こいつ、私の腹の内をさぐろうとしているのだな」と思われる。余分なことを言わずに、核心だけを率直に切りだすと、「頭が悪いから、気のきいたことを言えんのだな」と思われる。米や塩の粒のように細かく弁論すると、「口数だけは多いが、中身がないのを飾りたてているのだな」と思われる。

ズバリと主張を言うのではなく、大まかに話をもっていくと、「すべてをはっきり言うのがこわいのだな」と思われる。

さりとて、計略を図面のように明示して話すと、「こいつ、私を自分の思い通りにあやつる気だな。傲慢《ごうまん》な奴め」と思われる。他人を説得するのは、こんなにもむずかしいことなのである。よく心得ておく必要がある。

少し長くなったが、ここで言われていることは、今日の私たちも全く同じである。たとえば、誰かが肩を落とし、がっくりきている。声をかけて励ましてやりたい。しかし、相手によっては、「元気づけてほしい。声をかけてほしい」と思っていたり、「そっとしておいてくれ」と思っていたりするものだ。

こちらが相手のことを思って声をかけると、

「なぜ、そっとしておいてくれないんだ。放っておいてくれ」

となったり、相手を思いやって、そっとしておいたのに、

「誰も声をかけてくれないのか。ふだん友だちだと言っていても、みんな冷たいんだな」

となる。何も「君主」の説得にかぎったことではない。韓非子の「現代性」は、そのまま私たちの「現代性」でもある。

このあと韓非子は、うまく説得するにはどうしたらよいかを記している。しかし、それは、今まで述べられてきた「むずかしさ」よりも具体性に欠け、抽象的であるような感じがする。今の「元気づけるか」「そっとしておくか」も、がっくりきている相手が、そのどちらかを欲しているか、はっきりしていたら、私たちも迷ったりしないで、どちらかの対応ができる。

しかし、同じ人間でも、その時々で、「元気づけてほしい」こともあれば、「そっとしておいてほしい」こともある。また、誰かが励ましたあとで、また別の誰かが励ますと、

「わかってるよ。もういい」

と怒られたり、逆に、

「君も励ましてくれるのか。友だちっていいもんだ」

と喜ばれたり――と、ここでもまた枝分かれしてしまう。だから、「むずかしさ」を指摘するのは、簡単だが、「どうすればよいか」を答えるのは、非常にむずかしい。今見たように、「どうすればよいか」が、無数に枝分かれしてしまうからである。その無数の枝分かれについて、全部を具体的に述べることは不可能である。したがって、どうしても、おおざっぱに、抽象的に言うしかなくなる。韓非子の言っていることを整理すると、

「相手の自尊心を傷つけず、相手の劣等感を減らすよう心がけよ」

「国の危うさは、君主の個人の危険でもあることを述べよ」

「直接、君主を誉めたり、けなしたりせずに、同じ行ないをした別の者のこととして述べよ」

「相手と自分の気持ちが一致し、親しみが生まれたあとで、はじめて十分な主張をせよ」

というぐらいになる。

しかし、さきほども言ったように、これらは具体的な答えではない。相手の自尊心を傷つけるようなことを言ったとしても、相手によっては、

「そうか。自分にはそういう欠点があったのか。誰も指摘してくれなかったのは、みんな私の権力におべっかを使っていたのだな。ありがとう」

となるかもしれない。直接、相手をけなさないで、同じような別の者を引きあいに出しても、場合によっては、

「結局、私のことを当てこすっているのだろうが。もってまわった嫌みな表現をしおって」

と、かえって直接言った以上の憎悪を買うかもしれない。

説話による例示

韓非子は次に、説話をあげて、相手の気持ちに、こちらの言うことを的中させるむずかしさを示している。


昔、鄭《てい》の武公《ぶこう》が、胡《こ》という名の国を征伐しようと企て、自分の娘を胡の君主に嫁がせた。それから群臣に向かい、

「私は軍を動かそうと思っているが、どこを征伐したらよかろうか」

と問うた。大臣の関其思《かんきし》が、武公の内心を察して、

「胡の国を討つべきであります」

と答えた。武公は、

「胡の国は親戚《しんせき》になった国だ。お前はそこを征伐せよと言うつもりか」

と怒り、関其思を処刑した。胡の君主はこの話を聞いて、

「鄭の国は私を親戚であると、はっきり表明したわけだ」

と油断し、鄭の動きに備えをしなかった。鄭はそこにおそいかかり、胡の国を取ってしまった。


宋《そう》の国に金持ちがいた。大雨が降ったため、土塀《どべい》がくずれた。金持ちの息子が、

「修理しないと、泥棒にはいられますよ」

と言い、隣の家の親父も同じことを言った。その夜、本当に泥棒がはいり、財産をごっそりと持っていかれた。金持ちは、

「息子はやはり頭がいい」

と思ったが、隣の親父については、

「さては、あいつが」

と疑った。

逆鱗

昔、弥子瑕《びしか》という美少年が、衛《えい》の霊公《れいこう》に寵愛されていた。衛の法律では、許可

もなく君主の車に乗った者は、足切りの刑に処せられることになっていた。あるとき、弥子瑕の母が病気になり、それをある者が、夜こっそりと知らせた。弥子瑕は、霊公の命令であるといつわり、君主の車に乗って母親の見舞いに走った。霊公はこれを聞いて、

「孝行な奴だ。母親を思うあまり、足切りの刑を忘れるとは」

と誉め、刑を与えなかった。その後、弥子瑕は霊公について、果樹園に行き、桃を食べたところ、あまりに美味なる桃を見つけ、全部を食べずに半分を霊公に献じた。霊公は、

「私のことをこんなに思ってくれているのか。だまって食べてしまえばわからぬものを、献じてくれるとは」

と喜んだ。やがて弥子瑕の容貌《ようぼう》が衰え、霊公の寵愛もうすれると、とたんに、

「こいつは以前、私の命令といつわって車に乗ったことがあり、食いかけの桃まで私に食わせた」

と言い出した。弥子瑕の行ないが変わったのではないのに、以前は親孝行とされ、のちにはとがめられる。君主の愛が憎悪に変わったからである。君主に愛されているときは、こちらの言うことは、ますます信用されるが、君主に憎まれれば処罰の対象となってしまう。もし、君主を諫《いさ》めたりしようとするなら、自分が

君主に愛されているかどうか、よく見きわめたうえで行なわねばならない。

竜は、人間が慣らせば乗りこなせる動物である。しかし、のどの下に一尺ほどの鱗《うろこ》が一枚、ほかの鱗と方向が逆になっている。その逆鱗《げきりん》に触れると、人は殺されてしまう。君主にも逆鱗がある。これに触れなければ、説得できる可能性がある。

『韓非子』は有名な故事を多く含む書物で、「逆鱗に触れる」は、ここが出典である。「説得のむずかしさ」を説いたあと、「どうすべきか」の答えを抽象的に記し、さらに今の三つの説話をたたみかけている。さきほどの「どうすべきか」、韓非子が自分で用意した答えは、今の三つの説話に、どう当てはまるのであろうか。それは読者一人一人の判断にゆだねられていることだが、弥子瑕の場合と違い、容貌が、愛が衰えなくても、突然に憎悪がわきおこる場合もあり、やはり、「現実」は無数の枝分かれである。

俺は怒っている

さて、前に引いた『史記』韓非伝に、韓非子が自国にさえ受けいれられず、秦に行ったとあった。そして、秦王の政（のちの始皇帝）が五蠹篇と孤憤篇を喜んだことが記されていた。孤憤篇とは、「俺は一人で怒っているんだ」という意味の巻である。なぜ韓非子が怒っているのかというと、正しいことを主張している自分が受けいれられないことを怒っているのである。なぜ受けいれられないのかというと、君主には「取りまき」のグループがいる。

そのグループは、言わば既得権を持っているので、自分たちが既《すで》に得ている、甘い汁を吸う権利が侵されるのを、全力ではばもうとする。君主の「取りまき」は、たいていあくどく、えげつない面を持っているから、ありとあらゆる手段で、自分たちが排除されぬようにする。かりにあくどくない人間であっても、たとえば、老人が、急に、

「赤字なので、無料パスは廃止します。来月から有料で乗ってください」

と言われたら、いやな思いをするに決まっているだろう。

孤憤篇は、まず、こういう「取りまき」と両立しない関係にあるのが法術の士であることを宣言する。君主によって法術の士が採用されれば、真の君主の権勢が確立するのに、君主は、「取りまき」の言うことのほうをきいて、法術の士に耳を傾けようとしない、そのとき、説難篇で見たような、説得の困難が生じている。韓非子はこう言う。

突然に君主の前に姿を現わし、まだ君主と近づきになっていない法術の士が、君主の身近にいて、信用され、愛されている人間と争ってみても、勝ち目はない。やって来たばかりの法術の士が、なじみ深い臣下と争ってみても、勝ち目はない。君主の意にさからう法術の士が、君主と好悪を同じくする臣下と争っても、勝ち目はない。低い身分の法術の士が、高位にある寵臣《ちょうしん》たちと争っても、勝ち目はない。

一人の弁舌で国中を敵にまわしては、勝ち目はない。この五つの絶対的不利をかかえている上に、君主に面会する前にはばまれ、会ってもらえないまま、何年も待つことになるのだ。「取りまき」の連中は、五つの絶対的有利を約束されながら、さらに君主の前で、自分たちに有利な話を述べている。正しかるべき法術の士は、いつ君主に会え、君主はいつ正しいことを知ることができるのであろうか。

もともと絶対的不利の立場で、「取りまき」とは両立できないのだから、法術の士は非常に危険である。無実の罪をきせられて処刑、そうでなければ刺客を送られて、あの世行きである。

矛盾

ここで「両立できない」という言葉が見えた。学生のアルバイトと学業のように、本が買いたくてアルバイトをすれば、その時間の分だけ本を読める時間が減る。韓非子は、そういう条件を、次のような喩《たと》えで表現した。

楚《そ》に盾《たて》と矛《ほこ》を売っている者がいて、まず盾について、

「私の盾は堅い。どんな矛でも穴があきません」

と自慢した。次に、

「私の矛は鋭い。どんなものでも貫き通します」

と自慢した。見物人の一人が、

「じゃ、お前さんの矛で、お前さんの盾を突いてみたらどうなるかね」

と言った。商人は何も答えられなかった。

(『韓非子』難《なん》・一篇《いちへん》)

これが「矛盾《むじゅん》」の出典である。「現実」の中では、こうも鮮やかに「矛盾」することはまれで、なんとかやりくりすれば、なんとかなる場合が多い。学生のアルバイトと学業も、睡眠時間を少しけずるとか、ボーッとしている時間をなくすとか、本を読みながらでもできるアルバイトを探すとか、である。

しかし、法術の士が採用されれば、「取りまき」は追放されなくてはならないし、「取りまき」が存在しつづける以上、法術の士が受けいれられることはないのだから、これはたしかに、同時に「両立できない」ことである。今引いた商売の話や、「現実」で起きることから、「矛盾」という鋭い論理を見いだした韓非子は、大変にすぐれた頭脳の持ち主であった。

結局、韓非子は、君主がこうした「取りまき」にあやつられ、きちんとした筋の通った政治を行なわないようでは、その国はだめなのに、なぜそれがわからないのか、と怒っているのである。しかし、逆からこうも言える。

韓非子のようなすぐれた頭脳の持ち主は、そうざらにいるものではない。だから、彼がすでに見通してしまっていることでも、一般の人間はまだ全然気づかず、危機感もいだいていない。実感がないから、ピンとこないし、理解もできない。極端な話、天才に一般の人が追いつくのに何十年もかかる。

だから「天才は孤独である」と言われもするのだろうが、韓非子の場合、彼に理解を示した政（始皇帝）だけが天下統一を成しえた。あとの国は始皇帝に制圧されてしまった。司馬遷はたぶん、韓非子を激賞した始皇帝のセンスこそが、天下統一の要因であったと言いたいのだろう。「天才を理解できるのは、天才のみ」というところであろうか。しかし、その始皇帝にしたところで、李斯の讒言《ざんげん》を信じて、韓非子を投獄し、死なせてしまった。よくよくうまくいかないものだ。

ここで、もう一度、別の巻を読んで、韓非子が理想とした法治国家の上層部の姿を見ておくことにしよう。

刑と徳

聡明な君主は臣下をコントロールするのに、刑と徳という二つの権柄《けんぺい》を用いる。殺戮《さつりく》、これが刑であり、恩賞、これが徳である。人臣たる者、誅罰《ちゅうばつ》を恐れて恩賞をほしがるものであるから、君主がこの刑と徳を、みずからの手段として用いるならば、群臣は刑罰をおそれ、恩賞をもらいたい一心で、言うことをきく。君主みずからが〟という点が最も大事で、現在の世の中に、うようよとしている姦臣《かんしん》は、そういうことではない。自分が個人的にきらいな人間を、君主にうまく話し、君主の名のもとに殺し、自分が好きな人間には、君主の名のもとに恩賞を与えている。君主がみずから刑と徳の二つを行なうようにしないと、人民は姦臣のほうはおそれるが、君主についてはあなどるようになる。

君主は刑と徳を手ばなしてはいけない。虎《とら》と犬を比べた場合、犬が虎に従うのは、その爪《つめ》と牙《きば》があるためで、虎がもし、爪と牙を捨てて犬に使わせたら、立場

は逆転してしまう。もし君主が刑と徳を捨てて、臣下に使わせたら、君主が臣下に服従しなければならなくなる。（中略）

昔、韓の昭侯《しょうこう》*8（前三六二—前三三三在位）が酔って寝ていた。寒いのを心配した典冠《てんかん》（かんむり係）が、衣を一枚、上に掛《か》けた。昭侯は目覚めて喜び、

「誰が掛けたのか」

と問うた。近臣が、

「典冠です」

と答えると、昭侯は態度を一変させ、典冠と典衣《てんい》（衣服係）の両方を罰した。典衣は職務怠慢、典冠は越権行為を働いたためである。寒さをいとわなかったのではなく、職務がきちんと行なわれないことのほうが重大な問題であると考えたためである。こういう体制であるならば、臣下は自分より上位の者の領域を侵すことはできない。実績に見あわぬ意見は述べられない。役目以上のことに手を出せば、死罪が待っている。

言っただけの実績をあげられなければ、罰せられる。役目以外のことに手を出せず、意見も実績に見あわなくてはならないとなれば、臣下が群れて徒党をつくることもできない。

（二《に》柄篇《へいへん》）

韓非子から百年ほど前、申不害《しんふがい》（「百家小伝」参照）が宰相を務めていたころの話が語られている。この時代は申不害の法術で国がよく治まっていたのだ、と言っているのだが、本当の話であるか、保証はない。しかし、「申不害が生きているあいだは、韓もよく治まっていた」と、『史記』も記しているので、「あのころはよかったのだ」という語りぐさになっていたのだろう。

ここではっきりしたことは、前にも触れた「信賞必罰」の原則は、あくまでもその実行権が、君主その人になければいけないということである。そうなってみて、はじめて国は治まるのだ、とされるのである。だが、本当にそうなのであろうか。

法の問題点

前に荀子の主張する「礼」の問題点を見たが、韓非子の「法」に問題点はないのであろうか。「法」は、「礼」よりも明確に「罰則」がもうけられている、「外側からの規制」である。その分、「礼」よりも厳しく人間をしばる性質がある。しかし、第一の問題点は、聡明な君主がその「法」を運用しても、「法」は「法」であるが、愚かな君主が運用しても、同じ「法」であるという点にある。つまり、運用する者（君主）が、つねにすぐれた頭脳と人格をそなえているとは限らないという「現実」をどうするのか、ということである。代が変わると、先代より劣る頭脳の者が君主の位につくこともある。

逆の場合もあるが、つねに君主はある程度以上に聡明でありつづける保証はない。それなのに君主の実行権だけは保証されているとしたら、どういうことになるか。臣下が君主をたぶらかして、「法」の実行を好き勝手にする話は、韓非子も今していたけれども、君主自身が「法」を好き勝手に運用してしまった場合、どうするのか。韓非子は、「現実」の君主の全員が、「取りまき」にあやつられていることを前提に話をすすめているためか、君主自身を疑っていない。

だから、どうしても、愚君の場合には補佐の臣が必要となってしまうはずである。それも愚かな君主にめちゃくちゃな「法」の運用をさせないだけの実力のある臣が。

しかし、そうなると、その瞬間に、「法」の実行権はその「実力ある臣」の手に移ってしまうだろう。それをどうするのか。『韓非子』は答えてくれない。これが問題点の第一である。

次の問題点は、彼の師の荀子と同じような問題である。「礼」は、うまくはたらけばよいが、そうでないと、真心の「脱け殻」であり、中身のともなわない空虚なパフォーマンスとなってしまう面がある。「外側からの規制」であるために、外側だけ整っていれば、とりあえずは「礼」として、まかり通ってしまうのである。

では、「法」はどうか。たしかに厳しい「法」が施行されれば、刑罰を恐れ、道に落ちているものをネコババしたりしなくなり、犯罪は激減するかもしれない。しかし、である。それは必ずしも、一人一人の人間が高潔な人格を身に付けた証拠にはならないし、厳しい「法」によって、人々の人間性が向上したと言えるわけでもない。

とりあえずは刑罰がこわいから、手を出さない、ということでしかない。厳しい「法」をふりかざして国の安定を得たとしても、国民の心はちっとも豊かになっていないとしたら、その意義はどこに見いだせばよいのか。『韓非子』はこの点にも、答えてくれていない。これが問題点の第二である。

まだある。「法」が厳しいのを利用して、誰かを陥れようとする者があった場合、それを見ぬく必要があろう。しかし、誰が見ぬくのか。君主か。臣下のうちの裁判担当官か。その際、君主と裁判担当官の判断は、つねに一致して仕掛けられた罠《わな》を見ぬけるのか。そう考えてくると、裁判担当官の判断が重要な意味を持ってくることになろう。が、もし一致しなかったら、どうするのか。一致しないことが心配だからと、村里のあちこちで起こった事件まで、すべてを君主一人で裁くことは可能か。不可能であろう。

君主は、誰かに判断をゆだねなければならない。すると、君主による「法」の実行権の何割かは、君主の手から逃れ出てしまう。これが第三の問題点である。これは第一の「法」の運用者の問題とかさなる面がある。この答えも、韓非子は与えてくれない。

　卓越した頭脳を持って時代を見通した韓非子のことであるから、こういう考察をしなかったはずはなかろうし、答えを考えあぐねて、

「わからないから、やめた」

　と投げ出したわけでもなかろう。本章のはじめのほうで触れたように、韓非子は、永遠に当てはまりつづける方策などない、変化する時代に、そのつど、ちょうど合った方策があるということなのだ、という立場であった。つまり、韓非子の時代は、君主が「取りまき」にあやつられ、正しいことであっても君主までとどかないという、絶望的な時代であったために、君主の権勢の回復と、「信賞必罰」の「法」の厳密な執行こそが、国を救い、国を安定させ、国を強くすると強く主張したのであろう。そして、韓非子自身は、おのれの立場がそうであるゆえに、さきほど数えあげた問題点など百も承知であったのだろう。

「自分の主張する法術の策も、今現在の世の中に適合するけれども、永遠に当てはまりつづけるものではあるまい。いずれ、のちの世には、変化をとげたその時代に適合した方策が行なわれるはずだ。そういう問題点が出てくる時代になれば、そういう世の中に最もふさわしい説が主張されるはずだよ」

　と。そして、この考え方は、次のような意味をも持っている。

「時代の変化にともない、その時代、その時代に最もふさわしい聖人が登場する。聖人自体も古くなり、やがて次の時代には、次の時代にふさわしい新しい聖人が出現する」

と。これは、覇者たちに、

「私こそがこの世に登場した聖人である」

との主張をさせる意味を持つ。

「私こそ、天の命令を受けて登場した聖王である」

という主張のしかたも、あるにはあったろうが、人間が思いきり人間くさくなってしまっているような韓非子の時代には、前者の名のりあげがふさわしかったろう。

『韓非子』の五蠹篇と孤憤篇を喜んだ政は、やがて自分の手で天下統一を成しとげる。形だけ存続していた周王朝は、彼より前にすでに秦に滅ぼされているので（前二五六）、事実上、いつ彼が天下の統一者となるかが興味の中心であった。

彼は紀元前二二一年、天下を統一し、始皇帝と称した。「帝」の文字は、昔は「天」と同じ意味で用いられていたから、

「私が天である」

と名のったに等しい。そして、これは、

「私が神である」

でもあり、「私が秩序そのものである」の意味でもあった。この宣言が行なわれたとき、戦国時代（前四〇三―前二二一）は終わりをつげた。

だが、本書にはまだ語っておかなくてはならない思想家がいる。乱世には不可欠の兵法家《へいほうか》孫子《そんし》である。

＊1　菅原道真……平安時代前期の文人官僚。右大臣にまで昇進したが、藤原時平の讒言によって大宰権帥《だざいのごんのそち》に左遷させられ、二年後に失意のうち死去した。その後、当時の醍醐《だいご》天皇の皇太子保明《やすあきら》が二十一歳で急死すると、都には道真の怨霊の仕業という噂が広まり、天皇は道真に正二位を贈って左遷の詔書を破棄させたが、続いて保明親王と時平の娘のあいだに生まれた子も死亡し、宮中の清涼殿に雷が落ちて死傷者が出る騒ぎも起こった。こうした中で、道真の御霊《みたま》を祭る北野天満宮がつくられた。

＊2　牛山……斉の都・臨淄の南十里にあるといわれる山。

＊3　南面……古代中国では天子は臣下に対面するとき、積極的・能動的な方位とさ

れる陽の方位である南に面して座った。そのことから、天子の位につくことをいう。

＊4 盗跖……古代中国の伝説的な大盗賊。春秋時代の魯の人とも、黄帝《こうてい》時代の人ともいわれる。大ぜいの部下を統率して、各地に出没したとされる。

＊5 内儲説……儲は蓄えるという意味で、儲説は多くの説話を蓄えるという意味になる。君主に説明するための多くの説話のこと。内は次の外儲説に対するもので、内編を指す。

＊6 五蠹篇……韓非子が挙げる五蠹、五種の木食い虫とは、①仁義を掲げ、身なりを飾り、弁舌を弄する学者、②私欲のみで国家の利益を忘れている雄弁家、③徒党を組んで禁令を踏みにじる任侠の徒、④私財を蓄え、賄賂《わいろ》を取る君主の側近、⑤粗悪品をつくり、贅沢《ぜいたく》品を集め、農民の利益を奪う商人・工人という人々である。

＊7 法術……一般に法術と熟語としていわれるが、厳密には「法」と「術」に分けられる。法とは、成文として公布され、厳しい賞罰をともなって施行される具体的な規定である。この法を用いて政治を行なったのが、商鞅である。それに対して、術とは申不害が用いたもので、君主の地位を守るための群臣監視法として案出された。そこでは君主は胸中を明かさずに、臣下の実績、評判に注意

して臣下を支配していくことが主張された。

＊8　韓の昭侯……韓非子より百年ほど前の韓の君主。前三六二年から前三三三年にかけて在位した。申不害《しんふがい》を登用して、法術による政治を行なったことで知られる。

孫子の思想

兵法《へいほう》と言えば、すぐに『孫子《そんし》』が思い出されるほど有名だが、その著者孫子（孫先生）については、長いあいだ謎《なぞ》につつまれていた。そして、今日でも謎のままの部分がだいぶ残されている。まずそのあたりから話をはじめよう。司馬遷《しばせん》の『史記《しき》』に孫子伝がある。ところが、そこに描かれた孫子は、一人ではなく、孫武《そんぶ》と孫臏《そんぴん》の二人である。これが長いあいだ、学界の頭を悩ませてきた。伝わっている『孫子』は一種類なのに、なぜ孫子が二人いるのか。

もし、その二人がどちらも孫子だとするなら、書物の『孫子』のどの部分が孫武のもので、どの部分が孫臏のものなのか。もし、二人とも孫子でないなら、書物の『孫子』との関係はいったいどうなるのか。もし、二人とも書物の『孫子』と関係がないなら、今日に伝わる書物の『孫子』は、いったい誰が書いたのか。たとえば、ある学者は、三国志でおなじみの魏《ぎ》の曹操《そうそう》＊1（一五五―二二〇）が『孫子』の注釈を著しているが、それは曹操が『孫子』の本文ごと自分で創作したのだ、と考えたりした。

この問題に光明がさしたのは、一九七二年のことであった。山東省臨沂県《さんとうしょうりんぎけん》銀雀山《ぎんじゃくざん》＊2の前漢時代の墓から、かなりの量の竹簡《ちくかん》（細長い竹の札に文字を記したもの）が出土したのである。この竹簡は、前漢の文帝《ぶんてい》の即位（前一八〇）より古いものと考えられるもので、これに記されているのには、今日に伝わる『孫子』と一致するものと、そうではないものとがあった。まず、この段階で、今日に伝わる書物の『孫子』は曹操のデッチあげなどではなく、古くからあったものであることが確認された。曹操が自分より三百年以上前の墓の中の竹簡を偽造することは、ありえない。偽造して、わざわざ三百年以上前の墓に埋めさせた可能性も考えられない。竹簡自体の様子が、本当に古いものであったからだ。

では、今日に伝わる『孫子』と違うものは何なのか。整理をしてみると、こちらのグループの竹簡に、「擒龐涓《きんほうけん》」と記すものがあった。「龐涓《ほうけん》を擒《とら》える」である。これは、あとであらためてご紹介するが、『史記』が記す孫臏の伝記と符合する。そこで、

(1)今日に伝わる『孫子』は、孫武のほうの孫子の著作
(2)そうでないグループは、孫臏のほうの孫子の著作

の二つに整理できるのではないかと考えられることになった。そして、この考え方は、今日でもおおむね支持されている。『史記』は、どうやら正確なことを記述していたのだ。前の殷《いん》王朝の実在といい、この二人の孫子のことといい、『史記』の記述はあまりみだりに疑うべきではないらしい。

とは言うものの、紀元前一世紀ごろの書物の目録を内容とする『漢書《かんじょ》』芸文志《げいもんし》には、

兵書の書物が前漢はじめには百八十二種あったと記されているので、さきほどの「今日に伝わる『孫子』と一致しないグループ」をすべて孫臏の兵法と考えられるわけでもない。

ほかの兵法書と入りまじっている可能性も相当にあるからである。そこで、本書としては、孫武のほうの『孫子』を解説することにし、孫臏については、『史記』の記述をご紹介するにとどめようと思う。

孫武

『史記』によると、孫武は斉《せい》の人である。この点山東省の銀雀山とのゆかりがある。斉は今の山東省あたりが領土であった。兵法にすぐれていることで、呉《ご》王闔閭《こうりよ》*3（閭《りよ》は盧《ろ》とも書かれる。前五一五—前四九六在位）に面会した。孔子《こうし》（前五五二—前四七九）と同じ時代である。かたや兵法家孫武を用いて、富国強兵策を進めようとする王がいるのに、孔子は「仁《じん》」を説いてまわっていたわけである。

闔閭《こうりよ》は言った。

「先生の著《あらわ》された十三篇《ぺん》の書は、全部読ませていただいた。ここで実際に兵を動かしてみてもらいたいのだが」

「ご覧にいれます」

「この場に軍を呼んでは、ぶっそうだ。後宮の女たちでやってみてもらえぬか」

「承知いたしました」

闔閭は、後宮の美女百八十人を選び出した。孫子は二隊に分け、王の特にかわいがっている二人を、それぞれの隊長とし、全員に戟《げき》（槍《やり》の一種）を持たせた。

それから命令を伝えた。

「お前たち、自分の胸と左右の手と背中がどこにあるか知っているか」

「知っております」

「では、『前《まえ》』と言ったら、胸を見よ。『左』と言ったら、左の手を見、『右』と言ったら、右の手を見、『後《うしろ》』と言ったら、背中を見よ。わかったか」

「わかりました」

それから処刑用のまさかりを用意し、さきほどの命令を、くどいほどくりかえした。

そして、太鼓を打ち、

「右」

と命じた。女たちは爆笑してしまった。

孫子は、

「約束があいまいで、命令が行きわたらないのは、総大将である私が悪い」

と言うと、もう一度、命令をくりかえし、太鼓を打って、

「左」

と命じた。女たちはまた大笑いした。

孫子は、

「約束があいまいで、命令が行きとどかないのは、総大将の責任である。しかし、これだけはっきりしたのに、命令が行なわれないのは、隊長の罪である」

と言うと、隊長役の二人を斬《き》り殺そうとした。あわてた闔閭は、台上から使者を送り、

「先生が用兵に巧みなのは、わかった。私はこの二人がいないと、食事もうまくなくなる。どうか斬らんでくれ」

と伝えさせた。孫子は、

「私は、王のご命令により、軍を動かすのです。大将たるもの、軍の場におきましては、主君の命令さえ拒否する場合があるものです」

と答え、美女二人を斬り殺し、女たちに死体を見せてまわった。つづいて、新しい隊長を選び、太鼓を打って命令を発した。今度は、約束した左右前後だけでなく、立つも跪《ひざまず》くも、ぴしっと命令通りに動き、誰一人、声を出す者もなかった。

そこで孫子は、王のもとに使者を送りかえし、

「軍はきちっといたしました。どうぞ台よりおりて、ご覧くださいませ。王の御《み》心《こころ》のまま、水や火にも飛びこんでゆきます」

と伝えた。

「もういい。先生は宿舎でお休みくだされ。下へおりて見る気はない」

孫子は、

「王は言葉を好むばかりで、実際に軍を動かすことの成果を評価されないのですな」

と、言った。

結局、闔閭は、孫子の用兵の妙を評価し、将軍として採用した。呉が西に征伐を行なって強力な楚《そ》を破り、楚の都・郢《えい》まで侵入し、北は斉《せい》・晋《しん》に脅威を与え、諸侯のあいだにその名をとどろかすことになったのは、孫子の力が大きかった。

演劇を観《み》るような感じのする記述である。で、孫武についての『史記』の記述はこれで終わりである。

「あとは『孫子』を読んでください」

ということなのであろう。

孫臏

『史記』はつづいて孫臏のことを記す。

孫武の死後百余年、孫臏が登場する。彼は斉の国の阿《あ》と鄄《けん》のあいだに生まれた。孫武の子孫である。孫臏は龐涓《ほうけん》とともに兵法を学んだ。龐涓は孫臏より先に魏（梁《りよう》）に仕え、恵王《けいおう》（前三七〇—前三三五在位。孟子《もうし》がたずねた王である）の将軍となった。

しかし、龐涓は、

「孫臏にはかなわない」

と思っていたので、ひそかに孫臏を魏（梁）に呼び、無実の罪をでっちあげて孫臏の両足を切り、顔に入れ墨をして、人が孫臏を用いられぬようにした。

ここまでが第一段落である。孫臏の臏の字は、足切りの刑を意味する文字である。つまり、彼は名がわからない。孫臏とは、「足切りの刑にあった孫《そん》さん」の意味で、通称である。韓非子《かんぴし》と李斯《りし》のあいだでも、才能がおよばないので、陥れて排除をするかたちがあった。ひとつのパターンと言えよう。ただし、時代としては孫臏と龐涓のほうが古い。龐涓は孫臏を殺してしまうのではなく、刑を与え、顔に入れ墨をして、孫臏が人に会えないようにした。ともに学んだ仲で、龐涓は孫臏の性格を知っていたはずである。だから、

「こうしておけば、あいつは恥じて誰にも会おうとしなくなるであろう」

と思ったのであろう。だが、そうではなかった。一度、極度の侮辱を与えられた孫臏は、かえって肝がすわった。

斉の国から使者が魏（梁）に来た。同じ国の出身ということで手づるを得、刑を受けた我が身をさらして面会した。斉の使者は孫臏を評価し、ひそかに孫臏を車に乗せて帰国した。斉の将軍田忌《でんき》も孫臏を評価し、客人として待遇した。田忌はしばしば斉の若殿たちと競馬をし、金を賭《か》けて楽しんでいた。孫臏が見ると、馬の足の速さは大差というほどの差はないが、上中下の三段階ぐらいの差になっている。そこで孫臏は田忌に、

「思いっきり高く賭けてごらんなされ。私が必勝法をお教えしますから」

と言った。田忌はこの言葉を信じて、若殿たちと千金を賭けて勝負することにした。いよいよ対戦がはじまらんとするとき、孫臏はこう言った。

「あなたの馬のうち、いちばん遅い下《げ》の馬を、相手のいちばん速い上《じょう》の馬にぶつ

け、あなたの上《じょう》の馬を相手の中《ちゅう》の馬に、あなたの中《ちゅう》の馬を相手の下《げ》の馬にぶつければいいのです」

三回競走が行なわれ、田忌は二勝一敗で勝利し、賭け金をせしめた。田忌は孫臏を威王《いおう》（前三七八―前三四三在位）に推薦し、威王は孫臏に兵法のことを質問し、軍師として待遇した。

これが第二段落である。賭けの競馬で、二勝一敗でいいとする、戦いの常道のような話である。プロ野球でも、

「この三連戦は二勝一敗でいい」

とか言われるように、負けてもしかたないと認識し、その上で全体の勝利をめざすのである。しかし、この段落は何気《なにげ》なく読んでしまってはまずい。あとの話の伏線になっているからである。孫臏は馬の速度が読める人物なのだ。

のち、魏（梁）が趙《ちょう》に攻めかかり、危うくなった趙は、斉に救援を求めた。威王は孫臏を将軍としてさしむけようとしたが、孫臏は、自分は刑を受けた人間であるからと辞退した。そこで、田忌が将軍として行くことになり、孫臏は軍師として車の中にすわり、計略に参与することになった。田忌が軍を率いて趙に向かわ

んとしたとき、孫臏はこう言った。

「現在、魏（梁）と趙が戦闘状態にあり、兵力を集中させていますから、国内には老弱の者だけが残っているはずです。

この際は、街道を突きすすみ、一気に魏の都大梁《たいりょう》を衝《つ》くのがいちばんです。魏は趙を捨て、あわてて引きかえすはずです。こうすれば、一度で解決です」

田忌はこれに従い、大梁に攻めこんだ。あわてた魏軍は、趙の都邯鄲《かんたん》を捨て、引きかえす途中、桂陵《けいりょう》で斉の軍と戦ったものの、大敗した。

第三段落である。いよいよ孫臏が実戦で手柄をたてる。このときの魏（梁）の将軍は龐涓であるのか、別人なのか、書かれていないので、はっきりしない。次の段落になって、魏将が龐涓であることが明記される。

その十五年後、魏（梁）と趙が手をむすび、韓《かん》を攻め、韓は斉《せい》に救援を求めた。斉は田忌を将軍として派遣し、田忌はまた魏（梁）の都大梁を衝いた。魏（梁）の将軍龐涓は、韓を捨て、自国に引きかえした。斉の軍は大梁をめざして進軍中であったので、引きかえしてくる魏軍より、西に位置することとなり、このままでは、単純に退却して東にある斉まで、もどりにくい。そこで孫臏は田忌にこう言った。

「もともと韓・魏（梁）・趙の三国は、勇敢な兵を自慢していて、斉の軍については、まともに戦えば自分たちが負けることはない、と軽く視《み》ています。戦《いく》さ上手とは、相手の勢いをこちらの有利な方向に向けるもので、兵法（『孫子』軍争篇）に、『勝利を得ようと、ムキになって一日百里も追いかければ、兵がついて行けず、上将軍が死ぬ。五十里ならば、兵は半分しかついてこない』とあります。

これからしばらく、大梁に向かい、十万のかまどをつくり、翌日には五万、その次の日には三万と減らしてゆくのです」

龐涓は、斉軍のかまどの跡を数えながらすすむこと三日、大喜びして言った。

「前々から斉の軍は勇気に欠けると思っていたが、我が領内にはいること三日で、もう半分以上の兵が逃亡したぞ」

龐涓は歩兵隊を残し、騎兵隊のみを率いて昼も夜も休まずに追いかけはじめた。

孫臏は、敵が馬で追ってくるなら、だいたい日暮れ時に馬陵《ばりょう》＊4に至るであろうと計算した。この馬陵という所は、道がせまく険しい地形であるから、伏兵を置ける。孫臏は大木を削って、「龐涓、此《こ》の樹《き》の下《もと》に死なん」と書かせた。それから、弓のうまい者を道の両側の上のほうにひそませ、

「日暮れ以降に、火がともったら、その火をめがけて、いっせいに矢を射かけよ」

と命じた。龐涓は計算通り、日が暮れたのち、馬陵に至った。白く削られた木に何か書かれている。そこで火をつけて、何が書かれているのか、読もうとした。その瞬間、斉の軍の矢がいっせいに放たれた。魏の騎兵隊は大混乱におちいり、うろたえるばかりである。龐涓はなすすべなく、

「あいつの名を成《な》さしめたか」

と言って、みずから首を刎《は》ねて死んだ。斉軍はこの勢いに乗じて、魏軍をつぎつぎに撃破し、魏の太子申《しん》を生け捕って帰還した。孫臏の名は天下にとどろくことになり、その兵法は代々伝えられている。

これが第四段落で、最終段落にあたる。『史記』の孫臏の記事はこれで終わる。劇的な物語である。第二段落で、孫臏が馬の速度を読める人間であることが記されていたのは、ここの伏線で、馬陵に至る時刻も読めた、ということに、説明を与えてくれている。話がうますぎやしないか、と言う人がいることを意識して、第二段落の競馬の話が記されている、とまで積極的かどうかはわからないが、だいぶ脚色がほどこされているような感じはある。

大事なことは、この同じ時代に、孟子がいて、梁（魏）の恵王に仁義《じんぎ》の道を説いていたことである。こういう戦争をしているという実態がありながら、孟子は熱弁をふ

るっていたのである。いつ他国が戦争をしかけてくるかわからぬこの時代に。

そして、孫武を採用した呉王闔閭《こうりょ》は、孔子《こうし》と同じ時代であるから、すでに孔子の時点においても、その主張する学説と、現実とのギャップの大きさは並たいていではなかった。兵法家孫武と孫臏の事績を追ってみることで、逆の側から孔子や孟子の孤立感を浮きぼりにすることができる。

それでは、『孫子』の世界にはいっていくことにしよう。しかし、その前に断っておかなくてはならない点がある。

今日に伝わっている『孫子』の本文自体に少し問題があり、前と後で矛盾しているような点があるし、学者によっては、「この部分は別の巻にあるべきである」などの説を立てている。にもかかわらず、ビジネス書として『孫子』が読まれることは多く、多種多様の読み方がなされているのが現状である。本書は学術書として『孫子』を取りあつかうわけではないけれども、できるだけ、正確な読み取りを心がけようと思うものである。

兵は国の大事

『孫子』のいちばんはじめに置かれているのが計篇《けいへん》（始計篇《しけいへん》とする本文もある）である。

兵は国家の重大な問題である。生と死、存《そん》と亡《ぼう》の分かれ道であるから、よくよく明察しなければならない。まず、五つのことと七つの比較によって、実情をとらえる。五つのこととは、道《みち》・天《てん》・地《ち》・将《しょう》・法《ほう》である。「道」とは人民を統治者の意向と一致させ、生も死もともにしようと思わせることである。「天」とは、陰《いん》陽《よう》・寒暑・時節の変化のことである。「地」とは、遠いか近いか・険しいか平坦《へいたん》か・広いか狭いか・危険か安全かである。「将」とは、知恵があるか・信頼できるか・兵士を思いやれるか・勇気があるか・厳正であるか、である。「法」とは、部隊の編成・官吏の用い方・金銭的管理のことである。この五つについて、誰でも問題にするけれども、きちんと把握できているほうは勝ち、そうでないほうは負ける。

次に、七つの比較とは、

「君主はどちらが民衆に支持されているか」
「将軍はどちらが有能か」
「時節や地形はどちらが有利か」
「法令はどちらが正しく行なわれているか」
「兵員はどちらが強いか」

「軍はどちらがよく訓練されているか」

「賞罰はどちらがきちんとしているか」

である。この比較をすれば、勝敗はわかる。


たしかにもっともな分析である。しかし、抽象論ではなく、「現実」にてらすと、実行は可能であろうか。たとえば、

「軍は非常によく訓練されているが、地形は不利」

というときは、どう判断するのだろうか。

「君主への支持はいまひとつだが、将軍は有能で民衆の支持も強い」

とか、

「将軍は無能だが、部隊長には優秀な人材が多く、訓練もゆきとどいている」

としたら、どう判断するか、その答えは示されていない。しかし、そういう判断が示されない限り、私たちは、「現実」の社会に対する訓練をくみとれないのではあるまいか。


また、こういう問題もある。敵側の状況は、百パーセントつかめるものであろうか。百パーセント探りえるものだとしても、探りにいった者に、どれだけの正確さが期待できるかは、また別の問題である。とにかく、自分の国の状況も、相手国の状況も百

パーセント把握できるのでない限り、比較は不可能である。『孫子』謀攻篇《ぼうこうへん》には、

相手を知り、おのれを知れば、百戦しても負ける心配はない。相手を知らず、おのれを知れば、一勝一敗、勝ったり負けたり、といったところである。相手を知らず、おのれを知らなければ、戦うたびに負ける。


とある。だが、本当に百パーセント知ることは可能か。私たちは体力測定をしたそのときには、自分の運動能力を知っているが、突然、

「今、あなたは五十メートルを何秒で走れますか」

と問われ、正確な数値を答えられる人はいるまい。それに、スーツ姿でいきなりアスファルト道路を走るのと、靴からウェアまで本格的にそろえ、十分な準備運動をしてから、競技場のトラックを走るのでは、全然結果が違うだろう。

たとえば「兵の強さ」や「訓練の度合い」は、実際に戦ってみて、はじめて正確にわかることではないか。戦う前から、優劣を比較して何かの判断を得るのは、

「あっちのほうが強そうだ」

の「強そうだ」をそのまま「強い」に置きかえる行為である。「君主を民衆がどのくらい支持しているか」だって、どう調べるのか。一人一人にたずねてまわり、現代

のように支持率なんとかパーセントとやったとでもいうのか。

『孫子』をけなすことが目的なのではない。その内容が、ここでは、かくも抽象的であり、私たちにとって、具体的な教訓になってくれないことを言っているのである。たとえば、諺《ことわざ》のようなものだろう。「人を見たら泥棒と思え」というから、誰《だれ》でも疑えばいいのかと思うと、「七度《ななたび》たずねて人を疑え」という諺もある。

この二者は、韓非子流に言えば「両立しない」のだろうが、それぞれ独立した場合には、ごもっともな言葉である。たとえば、時計がないと騒ぎ、兄弟を疑っていたら、なぜか机の引き出しにあった。こういうとき、

「だから、『七度たずねて人を疑え』と言うじゃないの」

という言い方は成立する。だから、『孫子』に言うところも、逆になら成立するのだ。

「A国はB国に負けたか。そうだろう。あの国は君主が民衆に支持されていなかったからな」

とか、

「あんな奴《やっ》を将軍にしておくから、見ろ、大敗を喫したではないか」

というぐあいに。つまり、『孫子』巻頭には、「結果論を裏がえしにした抽象論」が配置されているのである。

兵は詭道なり

さらに計篇《けいへん》の言葉を見ていこう。

兵は詭道《きどう》、相手をだますのを常道とする。能力がある場合には、無能らしく見せ、役立つのに役に立たぬような姿を見せ、近づこうとする場合には遠ざかるふりをし、遠ざかる場合には近づくふりをする。相手が有利であれば、わざと相手を誘ってその勢いを逆用し、相手が乱れれば取ってしまう。相手が力を蓄えていれば、備え、強ければ一時その鋭鋒《えいほう》を避ける。相手が怒っていれば、いなす。元気がなければわざとつけあがらせる。

落ち着いていれば、揺さぶりをかける。

親密な関係を持つ者があれば、ひきはなし、相手が無防備なところを攻め、予期していないならば、急襲する。しかし、こうした勝ち方は、実戦においては、そのつど変化するので、変化の数がありすぎる。他人に具体的に教えることはできない。

なるほど、こういうことなら、はじめに抽象論からはじまった理由もわかる。ただでさえ、「兵はどちらが強いか」などは、具体的に把握できないのに、こういうふうに、相手をだますために、わざと弱く見せたりするのだから。そして、これをおたがいが行なうのである。ただでさえ具体的に把握できないのに、嘘《うそ》が加わる。ますます把握は不可能であろう。もっとも、へたな芝居を演じて見せたならば、

「本当は弱いな」

などと見ぬける場合もあろうが。

こういう駆けひきは、私たちの日常の中にも、よく見られる。たとえば野球をしていて、相手投手が、二球つづけて変化球を投げたとする。さて、次の球は直球か変化球か。

「二球つづけて変化球だったから、今度は直球だろう」

「いいや、そう思わせておいて、また変化球であろう」

どっちが当たるのか。相手投手が実際に投げて来たとき、答えははっきりする。しかし、またもや、「実際に投げてみて」である。これでは結局、行きあたりばったりの勝負と、たいして変わらない。

どうやったら勝てるか、それはやはり言いようがないのだろう。そんな決定的必勝法があったらあったで、おたがいその必勝法同士でぶつかりあうことになり、これはあたかも韓非子の「矛盾」の話のようになって、両立しなくなるはずである。どちら

かが負けたら、決定的必勝法ではありえない。

戦争と経済

次に、『孫子』作戦篇に目を転じてみよう。

戦争で勝つにしても、長い時間がかかると武器も損失し、士気もくじける。敵が籠城《ろうじょう》しているのを無理に攻めつづけると、こちらの戦力が尽きてしまう。そもそも軍を長い間、外に派遣していると、戦費がかさんで国の財政を圧迫する。

武器を損失し、士気をくじき、力が尽き、財政が傾けば、その疲弊に乗じて他の諸侯が攻めかかってくる。いかに知恵者がいても、国は保《も》たない。だから、軍事には拙速はあっても、巧久《こうきゅう》（長時間かけてうまくいく）はない。戦争が長びいて国がもうかることはない。戦争のマイナス面を知らない者には、戦争の利益を言う資格はない。

これは妥当な見解であろう。戦争をして勝ち、相手国を呑《の》みこんだとしても、今度はその分だけ増加した人口を養っていかねばならないのだから、楽なはずはない。本来、戦争とは不経済なものだ——孫子はそう考えているようである。もちろん、人命尊重の意味もあろうけれども、謀攻篇《ぼうこうへん》には、こう見える。

戦争の方法は、相手の国を損傷することなく降伏させるのが最上で、相手国を撃破して屈伏させるのはその次によいことである。敵の大軍を全部降伏させてしまうのが最上で、敵の大軍を撃破するのは、その次によいことである。

相手国を丸ごと得れば、産業も人口もそのままで次の体制にうつれるが、破壊してしまうと、その破壊の修復が先になってしまい、修復の費用は、戦敗国は出せないから、戦勝国が負担する——などということになりかねない。これでは何のために莫大《ばくだい》な戦費を使って戦争をしたのかわからなくなる。勝っても利益がない。勝ったあとのほうが大変である。ゴルフ大会で、見事ホールインワンを達成し、賞金をもらったが、友人たちが、わっと寄ってきて、さんざんにおごらされ、結局は赤字になった——この程度であるなら、気楽な笑い話ですむかもしれないが、戦争は笑い話ではない。孫子はいちばん最初に、

「兵は国家の重大な問題である」

と言っていた。人命のことはもちろん、経済的にも大変なことである。そういうことをにらんで、冒頭に提示していたわけである。孫子はさらに、こう言う。

百戦して百勝するのは最善の方法ではない。戦わないで人の兵を屈伏させるのが最善なのである。（謀攻篇）

そして、手間がかかり、時間がかかる城攻めは、孫子のきらうところであった。『孫子』のあちらこちらで説かれているが、謀攻篇の記事をご紹介しておこう。

最上の方法は相手国の軍略そのものをこわすことである。次によいのは、相手国と他の国の国交を切ってしまって、孤立させることである。その次によいのは敵軍を攻撃することで、もっとも悪いのは城攻めである。

城攻めは、どうにもいたしかたのない場合にのみ行なうことである。大きな盾《たて》（櫓《ろ》という）で城上からの攻撃を防ぎながら近づき、特製の車（轒轀《ふんうん》＊5という）で兵員を城下まで運び、やたらと道具を必要とするから、その用意だけで三か月、それから攻撃をはじめて三か月、無理やりに攻撃をさせ、自軍の兵士の三分の一を死なせても、まだ城は落ちない。

こんなことをつづけていれば、いずれ兵士たちも大将を怨《うら》んだりしようから、ます

ますもってまずいだろう。たしかに城攻めは大変である。が、理屈はそうだが、たとえば敵の城を包囲しておいて、

「やっぱり、『孫子』にある通り、大変そうだからやめよう」

と、単純に退却できればよいけれども、ふつうそんなことをすると、城内から敵軍が出てきて追撃をしかけたりするであろう。その場合の処方箋《しょほうせん》は『孫子』にない。となると、「はじめから城には近づかないほうがいい」ということになるのではなかろうか。

実戦場面で

では次に、『孫子』行軍篇《こうぐんへん》を見てみよう。ここの記述は、だいぶ実戦的になってくる。

敵がこちらに近づいても静かにしているのは、険しい地形をたのみにしているのである。遠くから戦いを挑むのは、こちらを誘おうとしているのである。平らな場所にゆったりと姿をさらして陣取っているのは、そこが有利だからである。木々が動けば、敵の襲来である。草をいっぱい上からかけてあるのは、擬装である。鳥がパッと飛びたった場所には、伏兵がいる。獣が走るのは、敵がかくれて動いたためである。塵《ちり》がはやい速度で舞いあがるのは、敵の兵車の襲来である。

塵が低くたちこめるようにして広がるときは、歩兵がすすんでくるのである。少ない塵がいく筋かに分かれて立ちのぼっているのは、薪《たきぎ》を取っているのである。やってきた使者が低姿勢で、防備を固めているのは、設営しているのである。やってきた使者が低姿勢で、防備を固めているのは、こちらを油断させて攻めかかろうとしているのである。

使者が強気の弁舌をふるい、攻めかかるぞと見せているのは、退却しようとしているのである。小型の兵車が先頭にいるのは、陣を布《し》こうとしている。きちんとした取りきめをせずに和睦《わぼく》を申し入れてくるのは、こちらをあざむかんとする謀略である。あちこちに走りまわりながら陣形をつくるのは、一気に攻めてこようとたくらんでいる。進撃したかと思うと退却する、これは誘っているのである。杖《つえ》によりかかって立っている者は飢えている。汲《く》んだ水をまず自分が飲むようだと、のどがかわいている。利があるのにすすんでこないとすると、疲れているのである。鳥が集まっているのは、人間がいない場所である。夜中の叫び声は、おびえている証拠である。軍がばらばらなのは、将軍に威厳がないのである。旗の位置が動くのは、軍が乱れている。

部隊長が怒りっぽくなっているのは、だれているのである。馬を殺してその肉を食うようだと、軍に食糧がない。釜《かま》をひっかけたまま、自分の居場所にもどってこなければ、掠奪《りゃくだつ》に出かけている。兵士たちが、ひそひそと話しているのは、士気が失われているのである。なにかにつけ、恩賞を乱発するのは、追いつめられている証拠である。はじめのうちは乱暴でありながら、あとになって兵士たちをおそれはじめるのは、わかっていない司令官である。わざわざおわびの使者をよこすのは、休息を得ようとする時間かせぎである。敵兵が、いきりたって攻め寄せたのに、対峙《たいじ》すること久しく、いっこうに戦闘がはじまらないのは、何かをたくらんでいる。よく調べなくてはいけない。

中には、あたりまえのことだろうと思われるようなこともあるが、なるほどと納得できるものもある。そして、これは敵軍を観察する場面ばかりでなく、自軍の様子についても反省のポイントを示してくれている。

しかし、「兵は詭道《きどう》」である。これらが、こちらを誘うための見せかけ、誘いの隙《すき》であるかもしれない。たしかに実戦的ではあるが、

「鳥が急に飛びたったのでへんだと思ったら、やはり伏兵がいた」

という経験のつみかさねを集めたものだろう。そして、こうした「経験知《けいけんち》」が、私たちにとって参考になる。そのゆえに、ビジネス書として『孫子』を読むことができるわけである。

しかし、実戦的な「経験知」は、相手も持っているし、『孫子』という書物を読んで知ってもいるだろう。その場合にはどうするのか。順序に従って考えるなら、「わかっている者同士のだましあい」になるはずである。そうなると、「経験知」は、あったほうがだまされにくいのか、それとも、何の知識もないほうが、先入観を持っていない分、かえってだまされにくいのか。また問題はややこしくなってゆく。そして結局、結論としては、「曰《いわ》く言いがたし」になるだろう。「何とも言えないが、何かあるらしいよ」ということだ。で、そうなると、どういうことになるか。『孫子』は兵法の書物でありながら、あたかも思想書のようなことを言い出すのである。どのような思想書か。「何とも言えないが、何かあるらしい」とは、老子や荘子の言うようなことである。つまり、そういう道家的な「道」の思想に急接近してゆくのである。

攻めれば必ず取れるのは、敵が守っていないところを攻めるからである。守れば鉄壁の堅さであるのは、敵が攻め場所を見失うような守備をしているからである。だから、真の攻め上手に対しては、敵はどこをどう守ればよいかわからず、真の守り上手に対しては、敵はどこをどう攻めればよいか、わからない。

微妙なるかな、微妙なるかな。その微妙さは、やがて無形《むけい》、かたちがなくなる。

神妙なるかな、神妙なるかな。やがて無声《むせい》、何の音もしなくなってしまう。それゆえに、敵の死命を制することができるのだ。（虚実篇《きょじつへん》）

これに『老子』第六十七章の言葉、

慈愛の心をもって戦えば、絶対に勝つ。慈愛の心をもって守れば、絶対に堅い。

や、第六十八章の、

りっぱな武士《もののふ》は、ことさら武芸をひけらかさない。真の戦《いく》さ上手は、怒りの感情で敵を屈服させようとはしない。真に勝ち上手な人間は、相手の力をまともに発揮させない。人使いの上手な者は、へりくだり方を知っている。これらを「争わずして成しとげる徳」と言い、「人を用いる力」と言う。

や、第六十九章の、

用兵のコツを言うならば、自分があえて主体とならず、受け身に立ち、一寸をすすまずして一尺を後退し、行軍をしても軍列はなきがごとく、腕まくりをしても腕がないかのようで、エイと突き出しても、そこに敵がいないかのようで、武器をとっても何も持たぬがごとくになるがいい。

を比べてみると、どこかで共通の部分がありそうである。これらを見てから、再び

『孫子』形篇《けいへん》の、

秋に脱《ぬ》けかわった獣の毛を持ちあげても怪力とは言えない。太陽や月が見えても視力が良いとは言えない。雷鳴が聞こえても耳が良いとは言えない。古来、戦さ上手と呼ばれる者は、たやすく勝てる相手に勝つのである。だから、真の戦さ上手が勝っても、毛一本を持ちあげる程度のことであるから、「知恵がある」とか「勇者である」とかの評判は全くない。

というあたりを、出典を隠して読むと、はたして、どちらがどちらの言葉だか、まぎらわしくなってくるだろう。さらに、『孫子』勢篇《せいへん》には、

およそ戦いというものは、正道によって合戦し、奇兵をもって勝つものである。

……正と奇と言えば、二つにすぎないけれども、その変化はきわまりないものである。奇と正がたがいに生まれゆくありさまは、丸い輪に切れ目がないかのようで、誰にも見きわめがつかない。

とある。『老子』第五十八章の、

禍《わざわ》いは福の中にひそみ、福は禍いの中にひそんでいる。誰が見きわめられようか。正しいことはないのか。いや、正もまた奇となり、善もまた妖《よう》となる。

と並べると、いよいよ類似するように見える。が、ここから先がむずかしい。どちらがどちらに影響したのだろうか。両者は全く接点がないのであろうか。もし、影響があったとすると、その判断がまた困難である。孫武《そんぶ》は孔子《こうし》と同じころで、やや孔子におくれる（つまり新しい）のだろう。老子は『史記』によれば、孔子の先輩であるが、これをそのまま信じる学者はいない。老子は実在の人物ではないと考える学者も多い。

しかし、『史記』を信じるならば、老子が孫武に影響を与えていることになる。ところが、それぞれの書物、『老子』と『孫子』の成立の前後が、またわからない。『孫子』は銀雀山の前漢時代の墓から出土し、紀元前一八〇年より前には成立していたらしいが、『老子』のほうは、わからない。
だが、本当の問題は、そうした点ではなかろう。私たちが見つめるべきなのは、両者の共通点のほうであるはずだ。『老子』第六十七章に「慈愛の心」が見えていたことで、いっそう明らかになることは、『老子』も『孫子』も、人間愛の思想であるということである。『孫子』が、戦って撃破することよりも、戦わずして相手の国を、その国の人々をまっとうして勝つことを最善とすることによって、その人間愛は十分に知られよう。見かけは経済問題のような顔をしながら、その実は人間愛なのである。

間諜のこと

『孫子』のいちばん終わりの巻は、用間篇《ようかんへん》である。間諜《かんちょう》（スパイ）の用い方を論じる内容である。その働きによって敵情がわかるので、非常に重きを置いている。つまり、はじめの部分で、相手と自分とをよく比較すべきことを述べ、全体をしめくくる部分で、相手の状況を知る最高の手段としての間諜について記しているのである。『孫子』は、用間篇のはじめで、軍を動かすには、大変な費用がかかるので、敵情をよく知らなくては、しょうがない。その敵情を探るのは、将軍自身ではなく、間諜であると位置づけたあと、次のように言う。

間諜には五種類ある。
郷間《きょうかん》（その土地にいる民間人で、敵軍に所属してはいない）
内間《ないかん》（敵軍あるいは敵国の内部にいて、ひそかにこちらと通ずる者）
反間《はんかん》（こちら側に寝がえった敵の間諜。二重スパイ）
死間《しかん》（生命を捨てて役割をはたす間諜）
生間《せいかん》（生きて帰ってくる間諜）

軍隊のことは、間諜ほど大事なものはない。恩賞も間諜に与えるものが最も大きく、しかし、間諜ほど秘密のうちにかくれひそむ職務はない。聖明《せいめい》なる知恵を持たねば、間諜をあやつれないし、仁義《じんぎ》の心の持ち主でなければ間諜を働かせられない。微妙なことを認識できなくては、間諜から真実を聞き出せない。

敵側の「反間（二重スパイ）」になってしまっているかもしれないからである。微妙なるかな、微妙なるかな。微妙であるなら、間諜によって探りだせないことはない（また『老子』に似た口調である）。しかし、もし、間諜の得た情報が、別のところから聞こえてきたなら、それは危険である。間諜と、間諜から話を聞き出した者を殺してしまわなくてはならない。

ここで孫子は人間愛を忘れたわけではない。もし、機密が漏れていたりしたら、ものすごく多くの人命が犠牲になってしまうことを、重大に意識しているのである。そして、孫子は間諜の中で最も重要なのが「反間」であると言う。

これから攻撃しようとしている軍、攻めようとしている城、殺そうとしている人物については、守将、その側近、接客係、門番、食客《しょっかく》の姓名まで探っておく必要がある。そのために間諜を送り出して探らせるのである。敵の間諜がこちらを探りにきたならば、その間諜を買収し、「反間（二重スパイ）」として使う。この二重スパイのおかげで、こちらに協力する民間人（郷間）や、こちらに寝がえる者（内間）を利用できるようになる。そして、敵情が十分に探り出せたら、生命を捨てて嘘《うそ》を伝えにゆく「死間」も放てるし、「生間（生きて帰る間諜）」も有効に使えるのである。間諜については、君主が熟知していなければならないが、結局、「反間」のおかげが大きい。「反間」には、よほど手厚くしてやらねばならない。

これもたしかにそうだろう。しかし、せっかく買収した二重スパイが、さらに敵の側に寝がえって、嘘の情報を伝えてくるかもしれない。これを防ぐには、どうするのか。孫子の用意した答えは、君主の仁義の心と手厚い恩賞であるが、敵国がそれ以上の恩賞を与えたらどうなるのだろう。双方の君主の人格比べと金額比べになるだろう。こうなると、やはりよくわからなくなる。まさに、「微妙なるかな、微妙なるかな」である。

結局、どの問題も、最後はそこへ行ってしまうのだが、前から見てきた通り、そこへ行かざるを得ない、そこにしか行きようがないのであった。あとは、読む側が、それぞれの実戦で、それぞれそれなりに生かして使ってくれ、ということである。

『孫子』は兵法の書物だが、思想史のうえで、『老子』に（そして、『荘子』にも）類似する内容を持っている。そして、『老子』が、『荘子』が、根本的なところで持っているものは、深い人間愛であった。『孫子』も、そういう見方からすれば、人間愛の書である。

戦争が各地でつづく世の中に、孔子や孟子、そして荀子らは、人間の誠意の回復を呼びかけつづけた。孟子の性善、荀子の性悪、立場は違うように見えて、実は「誠意の回復」をめざす点では同じであった。韓非子の法治主義も、法という強い力で、世の中の混乱に終止符をうたせたいと希望するものであった。やはり根本にあるものは人間愛である。孤憤篇《こふんへん》で怒りまくっていたけれども、いつかわかってくれる人（君主）が出てくることを期待していた。

師の荀子が、「悪だ、悪だ」とくりかえしながらも絶望しはしなかったように、韓非子も絶望的状況ではあったが、あきらめきってはいなかった。本書で、「諸子百家」の中から代表的な七人（孔子は思想史上、別格にあつかわれるが）の思想を見てきて、いつも見いだされたのは、人間愛であった。

いかにも、「諸子百家」の思想とは、人間愛の歴史そのものなのである。

＊1　曹操……一五五～二二〇。後漢の末期に黄巾《こうきん》の乱を鎮圧するのに功績をあげ、後漢最後の皇帝・献帝《けんてい》を保護して、列強の中で優位を確立し、諸列強を破って支配を拡大していくが、二〇八年の赤壁《せきへき》の戦いで、劉備《りゅうび》と孫権《そんけん》の連合軍に敗れ、その結果魏・呉・蜀の三国鼎立《ていりつ》状態を許すことになった。

＊2　山東省臨沂県銀雀山……山東省の南部の町・臨沂の東南に二つの丘が並び、その東の丘を金雀山、西の丘を銀雀山という。

＊3　闔閭……春秋時代末期の呉の王。夫差《ふさ》の父。前四九六年に即位したばかりの越王勾践《こうせん》と戦って、敗死した。この事件が夫差の有名な「臥薪嘗胆《がしんしょうたん》」のエピソードを生む。

＊4　馬陵……河北省大名県の東南にあって、河北・河南・山東の三省の境界となっているところ。

＊5　轒轀……屋根と側面を強固な牛皮で覆った四輪車で、兵士がこの中に潜んで近づいていく。一種の装甲車。

百家小伝

墨子《ぼくし》

生没年は諸説あるが、はっきりしない。姓は墨《ぼく》、名は翟《てき》。孔子《こうし》（前五五二―前四七九）より、やや活躍がおくれるが、孟子《もうし》が目《め》の敵《かたき》にしているので、そんなに新しい時代の人でないことは確かである。彼の主張の特徴は、まず「兼愛《けんあい》」の二文字である。自分を愛するのと同じように、他の人を愛すべきだというのである。

しかし、これは孟子が非難したように、社会秩序を失わせる面があった。自分の父と他人の父とを、あるいは自分の妻と他人の妻を同様に愛しては、まずいだろう。「家」という単位が崩壊してしまうおそれがある。

秩序を重んずる孟子は、徹底的に非難した。実は、この「兼愛」は、戦乱の世の中だからこそ唱えられたもので、自分を愛するのと同様に他者を愛するならば、戦争にブレーキがかかるであろう。そういう願いがこめられた主張と解するべきである。

また、墨子は「節用《せつよう》」、つまり倹約を主張したが、これも孟子の気にいらぬことであった。孟子は自分を生んでくれた親なのだから、あまりに簡素な葬式はだめだ、と非難したのである。しかし墨子は、君主のぜいたくが国民を圧迫するのをきらって、倹約を主張したのである。

墨子には「非命《ひめい》」、天命《てんめい》を否定する主張があった。

これは、天命をすべて否定してしまうものではなく、運命論が人間に努力を放棄させてしまう点をきらったものである。貧富の差や、寿命の長短などが運命で決まっているとするなら、誰も努力などしなくなる。汗みずたらして働いても無駄《むだ》、逆に金持ちは何もしないですごしていても金持ち——そう考えたら、誰も向上心を持って努力などするまい。しかし、耕さなければ穀物の収穫はなく、釣り糸を垂らしたり、網を打たなければ漁獲もないのが現実である。

死にたくなければ労働は必要である。誰も耕す人がいないのに、国民が全員米を食えることなど、ありえまい。それは誰にもわかっているはずだが、要するに運命論は、なまけるときの絶好の言い訳であり、失敗したときの自己責任の回避と、自己へのなぐさめである。

墨子が、「成すべき努力」としたものは、「天の意志」にそった行動であった。彼は運命論を否定したが、天の神の意志は否定しない。

天の神は人間一人一人に「運命」などは与えはしないが、つねに人間の行動を見守り、善《よ》い行ないをした者を祝福し、悪い行ないをした者に罰を与えるとした。

しかし、このような「天命」の考え方をすると、ある人間の、

「自分はこういうことをするために、この世に生まれたのだ」

という強い自覚も否定されることになる。こうした積極的な運命論も同時に否定されてしまうわけである。

墨子はさらに「非攻《ひこう》」、つまり非戦論を主張した。そして、「墨守《ぼくしゅ》」という語が示すように、徹底した防戦技術によって、人々の生命を守らんとした。現実に起こっている戦争から人々を救おうとしたわけだが、この説を徹底すると、非戦なのだから、悪逆の王にしいたげられている国をも攻められなくなる。これまた孟子の気にいらぬ思想である。

孟子は、斉《せい》の宣王《せんのう》との問答で、殷《いん》の紂王《ちゅうおう》のような悪逆の王は、王ではない。紂王を滅ぼした周《しゅう》の武王は一人の男を征伐したにすぎぬと言っている（『孟子』梁恵王篇《りょうのけいおうへん》・下）。つくづく墨子と孟子は合わないようにできているようだ。さきほどの「天」の祝福の問題にしても、『墨子』天志篇《てんしへん》・上には、

「天意を迎えて利害をはかる」

という言葉が見えている。功利主義が持ちこまれていると見るべきであろう。墨子の主張が流行することは、孟子から見れば、利を餌《えさ》にして人々を美名に釣り寄せるように見えたのかもしれない。人間愛もあらわしかたが違うと、こうもむずかしいことになる。

管子《かんし》

?——前六四五。名は夷吾《いご》だが、字《あざな》の仲《ちゅう》のほうがよく知られている。若いころは貧しく、友人の鮑叔牙《ほうしゅくが》と商売をし、貧窮のために売上げをごまかして自分の分け前を多く取ったりしたが、管仲の才能を知る鮑叔牙は、何も言わず、管仲の取りたいように取らせた。やがて、鮑叔牙は斉《せい》の公子《こうし》（若殿）小白《しょうはく》に仕え、管仲は別の公子糾《きゅう》に仕えることになった。

しかし、小白と糾とは、君主の座をかけて争い、小白が勝って即位した。これが斉の桓公（前六八五—前六四三在位）である。敗れた糾は殺され、以前、桓公（小白）の帯鉤《たいこう》*1（バックル）に矢を当てたことのある管仲も囚《とら》われの身となった。が、ありがたいことに鮑叔牙の推薦のおかげで、一躍国政に参与することになり、宰相に任ぜられる。

鮑叔牙は管仲より低い身分にあまんじた。「管鮑《かんぽう》の交《まじ》わり」と称せられる。管仲をほめるというより、鮑叔牙のほうを「たいした人物だ」とたたえるものである。

管仲は斉の国情を分析した。地理的に斉（山東省）は中央部からははなれているが、東に海があるので、塩や魚といった海産物は豊富である。陸地には森林資源も多い。これらを基盤として富国強兵の路線をすすむためには、まず国民に自由な経済活動をさせて、豊かな生活ができるようにしなければならない。しかし商業を保護し、商人に自由な経済活動をさせるだけでは、いけない。工業や農業、漁業、いずれにも保護政策を布《し》いた。

商人だけが富むようでは、農業などの担い手に不満が生じるからである。そして、みんな商人になりたがり、農業などの後継者がいなくなってしまう。

管仲はまず経済を活性化し、それから、国の恩恵によって、お前たちの繁栄があるのだぞと教えこみ、さらに礼儀・法令をもって、外から規制した。そして、ついに桓公を代表的覇者の地位まで押しあげたのである。『論語』の中で、孔子は、

管仲は個人的な贅沢《ぜいたく》をするところがあったので、人間の器としては小さいと言わねばなるまい。(八佾篇《はちいつへん》)

と言いながらも、

管仲がいなかったら、私も文化的な生活をしていられなかったことだろう。(憲問篇《けんもんへん》)

と評価している。

私たちの日常でも、「衣食足《いしょくた》って（あるいは足《た》りて）礼節を知る」ということが、いま言われるが、これは、『管子《かんし》』牧民篇《ぼくみんへん》（牧は、やしなうの意）の、「倉廩《そうりん》（廩も倉《くら》）実《み》ちて、すなわち礼節を知り、衣食足って栄辱《えいじょく》を知る」からきたものである。まず、人民を豊かにしてやることからはじめる——管仲はそういう政治家であった。管仲の政策の一つをご紹介しよう。

桓公が、問うた。

「国の西部は水害で米がなく、東部は豊作で米が安い。どうすればよいか」

「西部では米がひと升百銭、東部ではひと升十銭です。まず臨時の税を集めるかたちをとり、一人三十銭ずつ、これを米に換算して集めます。西部の人は、米を三分の一升《ます》程度ですみますが、東部の人は三升《ます》分出さねばなりません。こうすると、ひと升十銭の米が大量に集まりますから、これを西部に安く払いさげます。もし、米を買えないほど貧窮な者がいれば、貯蔵してある古米を無償で与え、種もみさえない農家には、こうして集めたもみを与えます。米の量も均一化されますし、無償で与える分によって生じる穴も、西部から集める米で十分にまかなえるでしょう」（軽重篇《けいじゅうへん》）

臨時の税を設定するのは、東部の安い米を強制的に取りあげて西部に運ぶのはまずいし、国が東部の米を買いあげて運ぶのは、費用がかかるだけであるからである。たいした政治家である。

書物の『管子』は孔子より古いものではなく、いろいろ雑多な内容が集められていて、どこが管仲の姿を示すものか、むずかしい。

恵施《けいし》

生没年は不明であるが、荘子《そうし》と同じころに活躍した政治家で、魏《ぎ》（梁《りょう》）に仕えた。

恵施は荘子と問答をし、荘子に対して、

「君の思想は、現実ばなれしすぎていて、役に立たないではないか」

と言っている（『荘子』逍遥遊篇《しょうようゆうへん》）。しかし、そう言いながら恵施は、論理学的な考察が大好きであった。『荘子』天下篇によると、恵施は蔵書家で、車に五台分あった。

しかし、荘子に言わせると、本質をはずれている、と。

が、恵施の提示した命題は、

「至って大きくて、その外はない。大一《だいいつ》という」

「至って小さくて、その内はない。小一《しょういつ》という」

で、「無限大」と「無限小」のことであるから、荘子も用いている考え方であった。ところが恵施は、『無限大』の前ではみんなゼロ」のみをふりまわしたにすぎなかったらしい。たとえば、

「今日、越《えつ》の国に向かって出発し、昨日到着した」

と主張する。「無限」につづく時の流れからすれば、「今日」と「昨日」どころか、「一億年前」と「三兆年のち」だって、ともにゼロ、差はなくなってしまう。たしかに論理としてはそうである。逆に、「無限小」から見れば、どんなものも「無限小」よりは大きいことになる。恵施は、

「丸い輪も、ほどける」

と言う。丸い輪は、棒を曲げて輪にする以上、つなぎ目がある。そのつなぎ目は、「無限小」より絶対に幅が広い。だから、そこからほどける、というのである。また、

「天下の中心は、北の燕《えん》の国の北であると同時に南方の越の国の南である」

と言うのも、「無限大」の観点に立てば、ということである。

恵施は、現実の政治の修羅場に身を置きながら、読書家で勉強家で、心だけはあくまでも自由、そういう人だったのだろう。

公孫竜子《こうそんりゅうし》

こうそんりょうし、とも読まれる。生没年は不明。趙《ちょう》の平原君《へいげんくん》（?—前二五一）の食客の一人で、当時の論理学者。有名なのは、「白馬非馬論《はくばひばろん》」で、つまり、「白い馬は馬と違う」ということである。

「白い馬」と言った場合、たとえば黒や茶色の馬は含まれない。「馬」と言うと、白も黒も茶色もすべて含まれる。形容のことば「白」がプラスされたのに、結果として範囲は狭くなってしまう。指し示す内容が減ってしまい、イコールにもならない。私たちの認識のしかたに反省を求めているのである。

もう一つ、「堅白石論《けんぱくせきろん》」がある。「堅くて白い石」と口では言えるが、本当に認識できるのか、と問いなおしたものである。「白馬」の場合よりも、さらに「堅い」が加わっている。それが「白馬」よりももっと狭い限定になる。説明する言葉が増えてゆくほど、内容は減る。私たちは「認識できる」と答えるだろう。手でその石を触りながら、白い色を見、まちがいなく石である。だが、手をはなすと、その瞬間に「堅い」の認識はできなくなってしまう。「白い石」はわかっても。次に、手で触れたまま、目をつぶるとどうか。「堅い」はわかるし、「石」もどうやらわかるだろうが、「白い」はわからなくなってしまう。形容の言葉が増えて、どんどんと範囲を狭くし、限定していっているはずなのに、この危うさは何であろうか。公孫竜子は、認識の危うさを強く意識し、認識が成立する条件について、深く考えた人物らしい。だが、残念なことに、彼の著作は、まともに伝わっていない。『公孫竜子』という書物は存在するけれども、はたして、どのくらい公孫竜子を反映しているのか疑わしいのである。また、「白馬非馬論」にしても「堅白石論」にしても、説明のしかたはいろいろある。もっとあざやかな説明がなされる日を期待したい。

蘇秦《そしん》

生没年は不明。戦国時代末、紀元前三〇〇年を中心に、その前後に活躍した。各国を渡り歩いて、政策の実現に奔走《ほんそう》したので「縦横家《じゅうおうか》（しょうおうか、とも）」と呼ばれる。思想家というよりは、弁舌をもって生きた性格が強く、政治家というよりは、政治評論家であった。

『史記《しき》』によると、蘇秦は、強国秦《しん》に対抗するため、斉《せい》・韓《かん》・魏《ぎ》（梁《りょう》）・趙《ちょう》・楚《そ》・燕《えん》の六国が連合して対抗する「合縦策《がっしょうさく》」を提案し、六つの国に説いてまわり、ついに実現した人物とされている。

ところが、一九七三年、湖南省長沙市《こなんしょうちょうさし》の郊外の馬王堆三号墓《まおうたいさんごうぼ》から、「戦国縦横家書《せんごくじゅうおうかしょ》」と呼ばれる絹布《けんぷ》に書かれた書物が発見された。これによると、蘇秦は、燕の昭王《しょうおう》に依頼され、斉が燕に進攻するのを防ごうと、秦・韓・魏（梁）・趙の四国を燕と提携させるべく奔走したことになっている。

　では、『史記』の記述はでたらめなのか。あわててはいけない。司馬遷《しばせん》は、『史記』蘇秦伝の末尾にだけ、特別なことを記している。

「世の中には、蘇秦についての異説が多い。時代がまるで違う話でも何でも、少し話が似ていれば、みんな蘇秦のことだとしてしまっている」

と。司馬遷は蘇秦伝を書くにあたり、相当の量の異説に目を通し、吟味をかさねて書いているらしい。馬王堆から出てきた書物についても、それと同じ書物を読んだわけではなくても、ひょっとすると、その内容を「異説」の一つとして読んだ上で、しりぞけたのかもしれない。今後の研究や、考古学的な発掘の成果によって、明らかになる日が期待される。

　貧しい村里から身をおこし、ついに時代の寵児《ちょうじ》になった蘇秦は、儒家《じゅか》などから、利己心につき動かされた口先だけの人間と批判されるが、司馬遷は、

「私は蘇秦の事績を記したが、悪口ばかりを書いてはいない」

とも記している。

張儀《ちょうぎ》

？——前三〇九。蘇秦と並び称される縦横家。『史記』の張儀伝は、蘇秦とともに鬼谷《きこく》＊2

先生に学び、蘇秦は、

「自分は張儀におよばない」

と考えていた、と（例のパターンである）。張儀は遊説してまわったが、信用をされず、楚の国の大臣が宝玉をなくしたのを、張儀が盗んだのだろうと疑いをかけられた。そのため、数百回も笞《むち》で打たれ、たたき出された。

帰宅した張儀に、妻は、

「あなたは、たくさんの書物を読んだり、遊説したりしなければ、こんな屈辱を味わわずにすんだでしょう」

と言った。張儀は、口をあけ、

「俺の舌を見ろ。まだあるか」

とたずねた。

「ありますよ」

「じゃ、十分だ」

このあと、蘇秦は張儀を呼んで、しかしわざと会わず、庭先にすわらせて粗末な食事を与えて侮辱した（例のパターンである）。が、ここから先が違う。蘇秦は、あえてそうすることで張儀を発奮させ、陰《かげ》ながら資金を援助してやった。これを知った張儀は、「蘇秦にはかなわない」と嘆じた。

秦に行った張儀は、信任され、蘇秦が「合縦《がっしょう》」させた六つの国のひとつずつを切りはなし、秦と手をむすばせる「連衡策《れんこう》」を実現させるべく、各国を走りまわった。『戦国策《せんごくさく》』や『呂氏春秋《りょししゅんじゅう》』＊3によると、張儀の連衡策を、当時、魏（梁）に仕えていた恵施《けいし》が反対した。しかし、張儀の策が採用され、恵施は免職されてしまった、と。

結局、張儀も、蘇秦と同様、思想家というよりは弁舌の徒であったが、彼らのような人々こそ、当時の政治の「現実」をよく示してくれる。

一方で彼らのような人々が活躍し、その一方に、孟子らの奮闘があったのである。

商鞅《しょうおう》

?――前三三八。姓は公孫《こうそん》、名は鞅《おう》。衛《えい》の国の人なので「衛鞅《えいおう》」、商《しょう》の地に封ぜられたので「商君《しょうくん》」とも呼ばれる。秦《しん》の孝公《こうこう》（前三六一―前三三八在位）に仕え、二度にわたる大改革によって、秦の富国強兵を成しとげた。農業を重視し、商業を抑制し、隣保制《りんぽ》（隣組《となりぐみ》のようなもので、連帯責任を負う）を布《し》き、軍への恩賞制度を改革した。これは、彼よりのちの韓非子《かんぴし》の主張を先取りするものでもあり、歴史上、きわめて意義ぶかいものがある。

つづいて、咸陽《かんよう》への遷都、県などの行政区分を新しくし、度量衡《どりょうこう》の統一など、第二次の改革によって、さらに国を強くする実績をあげた。これに加えて、「信賞必罰《しんしょうひつばつ》」

の厳正なる法律の実施に彼の真骨頂《しんこっちょう》があった。

法律を人民が本気にしないといけないので、城の南門に高札をかかげて、材木を一本置き、

「これを北門まで運んだ者に五十金を与える」

として、本当に五十金を与えた。

しかし、孝公が世を去ると、反対勢力から追われる身となり、逃げて宿屋に泊まろうとしたところ、拒否されてしまう。宿屋の主人は、

「すみません。商君さまの厳しい法律で、旅券を持っていらっしゃらない方は、お泊めできませんのです」

と言うのであった。

商鞅は、

「ああ、法律の弊害が、ここにおよぶとは」と嘆じた。

『史記』が描くドラマだが、結局、彼は殺され、一族も皆殺しにされた。

たとえば彼が商業を抑制すれば、それまで商人と手を組んで甘い汁を吸っていた者は怨《うら》む。孝公の死で、そういう怨みが爆発してしまったのである。その結果、韓非子が嘆いていたような、「取りまきグループ」に、再び政治があやつられることになった。

申不害《しんふがい》

生没年は不明だが、紀元前三三〇年ごろ最も活躍した。韓《かん》の京《けい》の人。もとは鄭《てい》の国に仕える下級の役人であったが、法術の学を修め、韓の昭侯《しょうこう》に自分を売りこんだところ、採用されて大臣になった。

申不害は、国内には政治を整え、国外に対しては他の諸侯にうまく対応すること十五年。彼が生きているあいだは、国はよく治まり、軍も強く、韓に対して侵略をしかけたりすることはなかった。

彼の学問は、老子《ろうし》の学派で、同時に法術を主としていた。著書があり、『申子《しんし》』という。

以上が『史記』申不害伝のすべてである。

しかし、『申子』は今日に伝わらないので、彼の思想の内容はよくわからない。ただ、韓非子《かんぴし》の先輩に位置づけられることは確かである。

『荀子《じゅんし》』解蔽篇《かいへいへん》には、申不害を批判して、

「申先生は権勢ということにばかり注目して、人間の知性については、わかっておられぬ」

とあり、『韓非子』定法篇《ていほうへん》には、

「申不害は法術を言い、公孫鞅《こうそんおう》（商鞅）は法律の条文をつくることに熱をあげるものである。法術（法をうまく運用する方法）とは、君主が臣下の能力をよく見定めて官職を与え、言うことと実際の行動の一致を検討し、生かすも殺すも自在の権柄《けんぺい》を手に、群臣の能力を最大限に発揮させるものである」

と言い、さらに、

「申不害は、法術の用い方ばかりに集中し、法令そのものに厳密さを欠いていたので、旧法のほうがいいと旧法を使って前例に従い、新法がいいと新法で政治を行なった。そのため、いくら申不害が昭侯に説いても、実際には姦臣《かんしん》が巧みに言いのがれをしてしまう結果となり、昭侯を覇者の地位に押しあげることができなかったのである。法術だけではなく、法令のほうも、きちんとしていなければならない」

と批判している。

李斯《りし》

?―前二〇八。思想家というより、政治家の色あいが強い。楚の国の上蔡《じょうさい》の人で、韓非子とともに、荀子のもとで学問をした。李斯も韓非子も、「法治主義」の立場であったが、韓非子の章で記したように、李斯は、

「韓非の奴《やつ》にはかなわぬ」

と思っていたので、のちに秦王《しんおう》の政《せい》（秦の始皇帝《しこうてい》）に讒言《ざんげん》を吹きこみ、韓非子を投獄して、毒薬で自殺させ、葬り去った。政が『韓非子』の五蠹篇《ごとへん》と孤憤篇《こふんへん》を読んで、

「この人に会えたら、死んでもいい」

とまで喜んだためである。

李斯の立場は、とりあえず安泰となり、秦の始皇帝の即位後、丞相《じょうしょう》となった。そして、従来からの封建《ほうけん》制度ではなく、郡県《ぐんけん》制を布《し》くことを強く主張した。郡や県という体制の頂上に始皇帝という巨大な権力者が君臨するという図式である。

それと同時に、李斯は儒教の弾圧を行ない、いわゆる「焚書坑儒《ふんしょこうじゅ》」、儒教の書物はすべて焼きはらい、儒学者は穴埋めにして殺すという乱暴なことを始皇帝に行なわせた。

これらのことに象徴されるように、始皇帝の政治は、李斯の政治でもあった。『史記』の李斯伝には、李斯の、

「断《だん》じて敢《あ》えて行なうならば、鬼神も身を避けて、人の言うことを通すものだ」

という、強い言葉が載っている。

しかし、強力な力で何かを推しすすめれば、どこかにゆがみや軋《きし》みが生じるということは、商鞅《しょうおう》のケースでも明らかであった。商鞅が、自分の路線を強力にすすめてくれる孝公《こうこう》が世を去ったときに失脚して殺されねばならなかったのと同様に、李斯も始皇帝が死去すると（前二一〇）、あとは急坂から転げ落ちるような運命をたどる。

二世《にせい》（二代目）皇帝胡亥《こがい》の時代になり、趙高《ちょうこう》*4の讒言《ざんげん》のために、刑死することになった。あまりに急激なことを断行《だんこう》しているため、かえって彼の理想がどこにあったか、見定めにくい面がある。

楊朱《ようしゅ》

生没年は不明。孟子の章で触れたように、孟子が墨子《ぼくし》とならんで、非難しているので、ほぼ孟子と同時代の思想家。孟子は、楊朱が墨子の「兼愛」と正反対の立場をとるにもかかわらず、強い口調で非難していた。楊朱は「自分中心の、利己的で、毛一本を抜けば天下に利益があるという場合でさえ、そんなことはしない」立場だから、他人のためには一切しない。そうなると、君臣関係のような社会秩序は、崩壊してしまう。

それゆえに、口をきわめて非難しているのであろう。

たしかに、論理としてとことん推しすすめてしまうと、墨子の立場では、他人のために奉仕する人間だけになってしまって、奉仕を受ける人がいなくなってしまう。逆に楊朱の立場だと、やがて他人から奉仕されて快楽を受ける人間ばかりになってしまって、奉仕する人がいなくなってしまう。だから両者とも、そこまで極端な状態を念願していたのではないだろう。

墨子が他人を、自分と同じように愛することで、争いのない社会を願っていたように、楊朱の利己主義も、

「戦争で死ぬなんて、まっぴらごめんだ。自分を大切にしなくては、いかん」

という考え方が広まれば、こちらの方向からも、争いが収まる道はありそうである。なればこそ、墨子も楊朱も、孟子がイライラするほどの支持を集めていたのであろう。乱世にあって、人命尊重を訴える、両極端の説として。楊朱にも、自己愛だけでなく、広く人間愛があったと見るべきであろう。

しかし、『荀子《じゅんし》』の中に、非十二子篇《ひじゅうにしへん》、解蔽篇《かいへいへん》など、ほかの思想家たちを批判（あるいは非難）している部分に、楊朱は見えない。急速に、はやらなくなってしまったのだろうと従来から考えられているが、あるいは楊朱本人が世を去ったためかもしれない。もし楊朱に門人がいても、門人はそれぞれ自分のためだけに生き、楊朱の道を広めなかったとすれば、けっこう皮肉である。

呉子《ごし》
？——前三八一。名は起《き》。衛《えい》の人である。『史記』によると、彼は兵法を好み、実際の用兵も好きで、魯《ろ》の国に仕えた。魯は斉《せい》に攻められ、呉起を将軍に起用したいと思ったが、呉起の妻が斉の人であるので、本気で戦うか、疑った。

呉起は妻を殺し、将軍に任ぜられると、斉の軍を撃破した。しかし、勝つには勝ったが、魯の人々は、呉起を残忍な人間だと評した。

もともと、呉起の家は金持ちで、呉起は若いころは遊んでばかりいて、仕官しようなどとは考えていなかった。そのうち、ついに破産し、笑いものとなったが、呉起は自分を悪く言った者三十余人を殺し、衛の国を捨てて、去った。その別れぎわに、母親に向かい、

「俺は大臣になるまで、帰ってこないよ」

と誓ってみせた。それからしばらくして、呉起の母親は亡くなったが、呉起は帰ってこなかった。

魯で斉軍に勝ったけれども、疑われれば妻をも殺す呉起の所業は、魯の君主にきらわれ、呉起は魏《ぎ》（梁《りょう》）に行った。そして、文侯《ぶんこう》と武侯《ぶこう》の二代に仕え、将軍として活躍した。やがて呉起は楚《そ》に行って悼王《とうおう》の大臣に召しかかえられるが、これは魏で反対勢力に殺されるのをおそれたために、楚に行ったのであった。そして、楚でも、外から急に割りこんできた呉起は、旧勢力ににらまれ、悼王が死ぬとたんに、攻められ、殺された。

今日に伝わる書物の『呉子』は、呉起の著述そのものではないらしいが全篇、魏の武侯との対話形式になっており、

国全体の方針と一致していなければ、軍を出すな。（図国篇《とこくへん》）

とか、勝利は軍の数によるものではなく、

軍令が明らかで、賞罰もまちがいなく下され、いざというときには威厳をもって、すすむも退くも、敵に手出しができないような軍隊なら必勝である。（治兵篇《ちへいへん》）

のような言葉が見えている。

＊1　帯鉤……中国で戦国時代から漢代にかけて流行した鉤《かぎ》状の帯金具。帯の両端でこの金具をかけ合わせて締める。青銅製が主流だが、ほかに鉄製、軟玉製もあった。

＊2　鬼谷先生……鬼谷子ともいう。戦国時代の思想家で、縦横家の先駆者といわれる。山西省の鬼谷に住んだことから、鬼谷子と呼ばれた。蘇秦、張儀の師とされるが、実は蘇秦が自分でつくりあげた人物であるとの考え方もある。

＊3　『呂氏春秋』……秦の宰相・呂不韋《りょふい》が門下に集った論客たちの書を編集したもので、十二紀・八覧・六論からなる。

＊4　趙高……?～前二〇七。秦の宦官《かんがん》。始皇帝の死後、李斯と謀って胡亥を二世皇帝に擁立した。のちに李斯を殺して丞相となり、胡亥をも殺害して権力をふるったが、次に立てた子嬰《しえい》に殺される。

むすびに――人間愛の思想

本編にも記したが、「諸子百家《しょしひゃっか》」とは、春秋《しゅんじゅう》時代（前七七〇―前四〇三）・戦国《せんごく》時代（前四〇三―前二二一）に現れた多くの思想家たちを、まとめて呼んだものである。思想家といっても、部屋にこもって一日中何かを考えつづけ、たまに散歩のために外出するような人のことではなく、各地を遊説《ゆうぜい》して、自分の主張を熱っぽく語る人々であった。中には老子《ろうし》や荘子《そうし》のような、少しナナメから世の中を見ている人たちもいて、必ずしも各地の諸侯《しょこう》に直接語りかける人ばかりではなかったが、基本的には「人々を治める立場にある人」を対象に語り、その著述も、そういう立場の人や、これからそういう立場になろうと思っている人を、読者に想定していた。

そうした「諸子百家」には、どういう人たちがいたのか、ひと通り見る場合の基本史料が、『漢書《かんじょ》』芸文志《げいもんし》の中の「諸子略《しょしりゃく》」という部分である。

これにもとづいて、どういう人たちがいたのか、主《おも》な思想家をピックアップして見てみることにしよう（ただし、本編で触れた孔子《こうし》は、前漢《ぜんかん》の武帝《ぶてい》の時代に儒教《じゅきょう》が国の教えに採用された関係で、この史料においても、すでに別格にあつかわれている）。

まず「儒家《じゅか》」である。孔子がそうであったように、人間の誠意に信頼をおき、誠実さが支配する世の中をつくるべきである、と主張した人々である。ここには、次のような人たちが見える。

子思《しし》……孔子の孫で、名は伋《きゅう》。二十三篇からなる著述（子思子《ししし》）があったが、伝わらない。しかし、『中庸《ちゅうよう》』は子思の作であると『史記』孔子《こうし》世家《せいか》（孔子の伝記）に記されている。

曽子《そうし》……名は参《しん》。孔子より四十六歳若い弟子。親孝行な人物として、孔子に評価された。そして、『孝経』の著者であると、『史記』仲尼弟子列伝《ちゅうじていしれつでん》に記されている。仲尼とは孔子のこと。

孟子《もうし》……彼については、本編をお読みいただきたい。この「諸子略」の部分によると、書物の『孟子』には、今日に伝わる七篇のほかに、「性善弁《せいぜんのべん》」「文説《ぶんのせつ》」「孝教《こうきょう》」「為正《いせい》」の四篇があった。しかし、この四篇は伝わっていない。

孫卿子《そんけいし》……荀子《じゅんし》のことである。荀と孫は、昔は同音であったので、荀子といっても孫子と言っても同じであった。しかし、孫子では兵法家孫武《そんぶ》とまぎらわしいので、孫卿子と呼ばれる。卿とは、大臣ということ。彼については、本編をお読みいただきたい。

つづいて、「道家《どうか》」である。論理を武器に人間性の解放を主張し、本来の人間らしい生き方にもどるべきだと説いた。それは、ともすれば、原始への回帰を意味するため、現実ばなれをしていると受けとめられた。しかし人間性が（生命ごと）圧殺されるような当時の世の中にあっては、明らかに心の救済の論理であった。ここには次のような人たちが見える。

老子《ろうし》……本編をお読みいただきたい。「諸子略」には、「鄰氏《りんし》」「傅子《ふし》」らの注釈があったことが記されているが、伝わっていない。

荘子《そうし》……本編をお読みいただきたい。

列子《れっし》……名は禦寇《ぎょこう》。荘子より先輩であると「諸子略」に言う。『荘子』達生篇《たっせいへん》に列子が登場することから、そう位置づけられたのかもしれない。書物の『列子』は今日に伝わっているが、はたしていつごろの書物なのか、古来疑われている。ずっとおくれて、魏晋《ぎしん》のころのものとさえ考えられ、列子も実在の人物ではないとの考え方もある。しかし、『列子』に収められた説話から、我が国の中島敦《なかじまあつし》は、「名人伝」を書いたりしている。

次に「陰陽家《いんようか》（おんようか、おんみょうかとも読む）」であるが、天文の観測などを通じて、吉凶の占いをする人々のこと。『荀子』の非相篇《ひそうへん》で、非難されている。著述の今日に伝わるものはなく、これ以上のことはわからない。

次に「法家《ほうか》」。厳密な法律と厳格なその運用が、よく治まった世の中をつくると主張する人々。

商子《しょうし》……商鞅《しょうおう》、商君《しょうくん》のことである。百家小伝をお読みいただきたい。著述は『商子』、または『商君書《しょうくんしょ》』の名で現在に伝わるが、どこまで商鞅本人の著述か、疑わしい点もある。

申子《しんし》……申不害《しんふがい》のこと。百家小伝をお読みいただきたい。書物は伝わらない。

韓子《かんし》……韓非子のことである。唐代の詩人・政治家韓愈《かんゆ》（七六八―八二四）を尊称して韓子と呼ぶのとまぎらわしくなったため、韓非子と呼ばれるようになった。本編をお読みいただきたい。

次に「名家《めいか》」。論理学者のことである。

恵子《けいし》……恵施《けいし》のこと。百家小伝をお読みいただきたい。一巻からなる著述があったが、『荘子』天下篇に十項目、『荀子』不苟《ふこう》篇に五項目の命題のみが記録されている。

公孫竜子《こうそんりゅうし》……百家小伝をお読みいただきたい。

つづいて「墨家《ぼくか》」。墨子を中心とした人々。しかし、事実上は、墨子が伝わるのみ。墨子については、百家小伝に記したので、くりかえさないことにする。

次に「縦横家《じゅうおうか》」。弁舌をふるって、国策を左右し、自分の繁栄を得た人々である。

蘇子《そし》……蘇秦《そしん》のこと。三十一篇からなる著述『蘇子』があったが、伝わらない。百家小伝をお読みいただきたい。

張子《ちょうし》……張儀《ちょうぎ》のこと。十篇からなる『張子』があったが、伝わらない。ただし、『史記』の張儀伝に、各国に「連衡策《れんこうさく》」を説く弁舌がかなり見えている。これが『張子』の一部かもしれない。百家小伝をお読みいただきたい。

このほか、いろいろな学説を折衷《せっちゅう》した「雑家《ざっか》」、農業技術を述べた「農家《のうか》」(これに属する許行《きょこう》のことは、『孟子』滕文公篇《とうのぶんこうへん》・上に見えた。「孟子の思想」参照)、民間に起こったちょっとした話から興味を引いて、君主の耳を喜ばせ、地位を得んとする「小説家」が、「諸子略」に収められている。残念なことに、ほとんどが亡びてしまい、今日に伝わっていない。また、兵法家たちについては、『漢書』芸文志は、「兵書略《へいしょりゃく》」という別の枠をもうけ、そこに孫子や呉子《ごし》を収めている。

それにしても、いろいろな思想が、よくもこれほど花開いたものである。存在したが著述はなかった思想家、著述はしたが、それが前漢時代までさえ伝わらなかった思想家、それらも含めれば、どれほどいたか見当もつかない。そして、それらの思想家は、弟子を育て、他の思想家と議論を闘わせ、また著書の中で他の学説を批判した。

ここでも残念なことがある。こうした他の学説の批判に対する「反論」が見られないことである。批判が一方通行で、批判だけが今日、私たちの前に投げ出されている。その当時を代表する頭脳の持ち主同士の、正々堂々の論戦を見たいと思うのは、私だけではないはずだ。

しかし、ちょっとした時代の前後などから、批判は一方的なものとなってしまう。たとえば、荀子は、その著『荀子』解蔽篇《かいへいへん》の中で荘子を、

「荘子は天にばかり注目して、人間をわかっていない」

と批判している。しかし、この「反論」はない。もし、荘子が反論したら、

「そういうあなたは、人にばかり注目して、天をわかっていない」

と切りかえし、次に寓話《ぐうわ》を持ちだして、荀子をケムにまこうとするのではないか。それとも、

「私は蝶《ちょう》なのですから、その夢をさまたげないでください」

などと言うであろうか。

『淮南子《えなんじ》』説山訓《せつざんくん》に、「蘧伯玉《きょはくぎょく》は仁《じん》で教化し、公孫鞅《こうそんおう》（商鞅《しょうおう》）は刑で罰した。しかし、国を治めるという窮極《きゅうきょく》の目的は、一つなのだ」という言葉がある。

いろいろな角度から種々の論説を見てきたが、やはりどの主張にも、根底に深い人間愛があった。立場こそ違え、その人間愛は一つなのだ、と言えるだろう。

その深き人間愛に栄光あれ。諸子百家の思想に栄光あれ。

本書は、一九九六年六月に小学館より刊行された単行本を、加筆修正のうえ文庫化したものです。

諸子百家《しょしひやっか》

渡辺精一《わたなべせいいち》

令和2年 2月25日 初版発行
令和6年 9月5日 再版発行

発行者●山下直久

発行●株式会社KADOKAWA
〒102-8177 東京都千代田区富士見2-13-3
電話 0570-002-301(ナビダイヤル)

角川文庫 22060

印刷所●株式会社KADOKAWA
製本所●株式会社KADOKAWA

表紙画●和田三造

●お問い合わせ
https://www.kadokawa.co.jp/ (「お問い合わせ」へお進みください)
※内容によっては、お答えできない場合があります。
※サポートは日本国内のみとさせていただきます。
※Japanese text only

ISBN 978-4-04-400568-9 C0122

◆◇◇